说话心理学

渗透潜意识的语言说服力

Persuasion

Everyday Techniques to
Boost your Powers of Persuasion

［英］斯蒂芬·C.杨◎著　　孙闰松◎译

（Stephen C.Young）

人民邮电出版社

北京

图书在版编目（CIP）数据

说话心理学：渗透潜意识的语言说服力 /（英）斯
蒂芬·C.杨（Stephen C. Young）著；孙闰松 译. --
北京：人民邮电出版社，2017.11
ISBN 978-7-115-47001-0

Ⅰ. ①说… Ⅱ. ①斯… ②孙… Ⅲ. ①心理交往－通
俗读物 Ⅳ. ①C912.11-49

中国版本图书馆CIP数据核字(2017)第234885号

内 容 提 要

变得更有说服力意味着什么？有时这意味着合同的顺利签订，有时这又意味着你总能脱颖而出。可以说，说服力其实意味着一种你个人的影响力。

本书作者斯蒂芬·C.杨基于对神经语言程序学的研究和多年来一线实践经验的积累，对如何在对方潜意识中植入建议、如何针对不同的交流风格组合运用14种语言模式以及如何通过提问引导对方做出决定等进行了简单易懂的讲解。此外，针对每一种技巧，本书都给出了详细的情景模拟展示，并将语言公式化，以使读者便于练习、迅速上手。

本书适合那些希望减少身边阻力，获得更多积极反馈，最终构建更加和谐、默契的人际关系的读者阅读与学习。

◆ 著　　【英】斯蒂芬·C.杨（Stephen C. Young）
　　译　　孙闰松
　　责任编辑　姜　珊
　　责任印制　焦志炜
◆ 人民邮电出版社出版发行　　北京市丰台区成寿寺路 11 号
　　邮编　100164　　电子邮件　315@ptpress.com.cn
　　网址　http://www.ptpress.com.cn
　　北京天宇星印刷厂印刷
◆ 开本：880×1230　1/32
　　印张：8.75　　　　　　　　2017 年 11 月第 1 版
　　字数：150 千字　　　　　　2024 年 9 月北京第 18 次印刷
　　著作权合同登记号　图字：01-2017-5411 号

定价：49.00 元
读者服务热线：（010）81055656　　印装质量热线：（010）81055316
反盗版热线：（010）81055315
广告经营许可证：京东市监广登字 20170147 号

推荐序

你可能会非常兴奋地想要读一读《说话心理学：渗透潜意识的语言说服力》这本书。

变得更有说服力对你而言意味着什么？成功，社会地位，名誉，还是其他什么？本书将挑战和启发你，增进你的说服技巧，甚至还会改变你。

我已经认识斯蒂芬·杨25年了。当我们在欧洲科技产业界排名第一的猎头公司共同工作时，我们的人生第一次产生了交集。我很快就对他产生了敬意和喜爱之情，因为他严格遵循职业操守，而且还具有非常积极的、外向友好的性格。

我们齐头并进，成功地经营着猎头业务。如今，我们对于说服力和人类动机都有着深刻的兴趣，像着了魔一样。当他邀请我为本书写推荐序时，我感到非常荣幸。

几年前，我们再次相遇，讨论一个新项目：创立一家面向所有工业部门提供关于说服力和影响力的沉浸体验式讲座的咨询服务公司。那段时间，这种想法在斯蒂芬心中只是初具雏形。他对变得更加具有说服力充满热情，给我留下了深刻印象，还激发了我学习更多的说服技巧的渴望。接下来几年里有很多会议，这个项目逐渐完善，明确了具体的发展路径。我如饥似渴地参加并旁听了这些会议，吸收和消化了相关材料。

从那以后，我开始在职场中使用本书所讲解的说服技巧，取得了很好的效果。而且，我还将这些说服技巧介绍给我的客户，他们后来都表示自己受益匪浅。

和许多人一样，我逐渐意识到主动出击的说服方式在人际交往中是一种强大的秘密武器。在我看来毫无疑问的是，说服技巧应该排在所有业务能力和个人发展能力的最前面。

本书和基于本书的说服力训练的好处是显而易见的。参加说服力培训课程的人非常喜欢这门课程，他们的脸上总会露出看见曙光般的笑容，这是我亲眼所见。他们表示，这门课程让他们在人际交往中变得不同，变得更加充满活力。最为人称道的一个案例是，说服技巧能让一个人在 24 小时内与麻烦的客户签订 3 份重要的新合同。

在写作本书的过程中，斯蒂芬取得了一些非凡的事业成就。

我作为人力资源专家，费劲地阅读过很多学术风格的大部头图书，其中少数几本书是关于神经语言程序学（Neuro-Linguistic Programming，NLP）的。这个主题是令人惊叹和鼓舞人心的，但是这些书太艰深晦涩，看的时候我头痛到简直想服用止痛药的程度。斯蒂芬的这本书以 NLP 为理论基础，却极其通俗易懂，没有那些令人讨厌的、费解的术语，而是为大家提供了一套非常强大、实用的语言工具。

本书将说服心理学简化为方便使用、循序渐进的技巧。但是，你不能只停留在书本上的学习。你需要理解这些技巧，还要付诸行动，这至关重要。在这个信息爆炸的时代，时间稀缺，阅读本书和掌握说服技巧都是很有价值的。

有时候，我们确实忙忙碌碌，以至于我们忘记了自己是谁、我们想要成为什么样的人。但是，通过勤奋学习、不断反思和实践，我们可以取得进步。如果我们坚持下去，改变就会发生，星星之火可以燎原。

本书将带领你到达你想要去的地方。

詹姆斯·阿斯莫（James Ashmore）

导论

语言模式——说服还是操控

> 最重要的说服工具就是你的诚信。
>
> ——国际知名演说家、作家、励志大师金克拉（Zig Ziglar）

你可能已经在网上浏览过本书的信息，或者你可能正好在书店里阅读着本书中的文字。也许，你身边有人在参加过关于说服力的讲座或课程后，向你推荐了本书。不管你是怎么与本书结缘的，它都将改变你思考如何使用语言增强说服力的方式。

在我们日常生活中的各个方面，能够做到影响其他人是非常重要的，对吧？尤其是在工作场合，我们面临的压力越来越大，需要完成的业绩指标越来越高，而且你还要成为你的同事和领导尊敬的人，以及你的竞争对手惧怕的人。如果你是给自己打工的企业家或创业者，拥有说服别人始终如一地相信你的产品和服务的能力，就意味着你能在丧失抵押品赎回权和破产之间创造不同，或者意味着你能创造连自己都想象不到的财富。

　　如果你是全职工作者或者自由职业者，你正在管理自己的业务或者正在寻求招聘机会，想象一下你能牢牢地掌控自己的未来，始终超越自己定下的目标，还能确保自己签订最有利的合同，你会有什么感觉呢？毫无疑问，你一定会意识到自己已将实现目标的方法掌握在自己的手中了。

　　本书是一本实用性很强的、循序渐进的指导手册，通过大大提高你的说服力和影响力帮助你掌控自己的未来。如果你在日常情境中熟练应用自己在本书中学到的语言技巧，你将发现自己能改变别人的看法，影响和促使他们心服口服地同意你的观点。

　　奇怪的是，你可能已经无意中应用了本书提到的一些说服技巧，但是你很可能不清楚这些技巧的潜在力量。你越是阅读本书的内容，你就越会注意到变得更具说服力实际上并不是那么费劲。我会非常热情地帮助你一步一步地提高说服力，这个过程比你想象的要快得多。

　　其他关于说服力的图书通常以一种故作玄妙的方式来阐述这个主题，更糟糕的是，有些书将说服力描述得太复杂了。为了实用易懂，本书去掉了专业术语。本书的重点不是让书中提及的说服技巧听上去很高端，而是帮助你快速地掌握这些技巧，将其应用于日常交流并享受从中获得的实实在在的益处。这意味着，你将跟随世界上非常成功的销售精英和商务拓展专家的脚步，轻松愉快地学习关于说服力的实用知识和技巧。

通过阅读本书，你将快速学会并频繁使用这些藏而不露的交流技巧。

而且，随着你逐渐掌握这些令人印象深刻的沟通技巧，你将意识到使用这些技巧会如何改变你的生活。

想象一下，当你开始使用本书阐述的技巧时，你将获得越来越多的奖励和收益，并且会享受这个过程。我非常乐意看到这样的事情发生。如果你是一位销售人员，这些技巧将会帮助你顺利而快速地克服所有的反对意见，你只需要勤加练习就可以。想象一下，做到这样的事情对你来说意味着什么？

假设你是一位管理者，正要说服你的团队接受一项极具挑战性的任务，你就可以使用本书提及的技巧快速地将团队成员引入正轨。

如果你正在寻找晋升或求职的机会，你通过本书学会的新技巧将带给你明显的竞争优势。现在请你思考一下：你是否已经因为这样的美好预期而热血沸腾了呢？

公平地说，你在本书中将学到的技巧能帮助你构建更加和谐、默契的人际关系，减少你遇到的抵抗，增加他人对你以及你传达的信息的积极反馈。当你阅读本书，吸收其中重要又简单的技巧时，你会赞叹这些技巧多么有用和强大。最重要的是，你将准确地理解如何在日常生活中使用这些技巧。

预警

语言模式的力量是强大的，所以本书必须以最有效的方式指导你利用它们。当然，我无法控制你，你最终会如何使用本书提及的技巧都将取决于你自己。

我希望你总是能谨慎地使用本书中的知识和技巧，最好只在对双方都有利的情况下才使用。如果做到了这一点，你将获得更高的声誉，越来越多的人想要与你合作，而且你很有可能被客户列在快速拨号的列表上。想象一下，每个人都在走向你，都在被你说服。

现在，你有可能会产生在对对方没有好处的情况下使用说服技巧的想法。这时，说服就变成了操控，涉及伦理道德。你的潜在商业合作伙伴可能感觉不自在，因为他们觉得自己在被你牵着鼻子走。你可能仍然是占优势的，仍然能如意地获得奖金、签订合同等，但是你的优势不会长期存在。你的声誉将消耗殆尽，别人可能再也不想与你合作了。

因此，谨慎地使用说服技巧，你才能长期享受这些技巧带来的好处。

本书分为以下四个部分。

第 1 部分：与潜意识对话——在语言中植入要求和建议

本书的第 1 部分关注的是潜意识。使用谈话疗法的临床心理学家通过要求和暗示来改善来访者的心理征状。最初这些心理学家认为，让大众知道谈话疗法的实施过程是危险的。谈话疗法方面的训练是受到限制的，而且费用非常高。但是，我们可以从谈话疗法中受到启发，提高我们的谈话技巧。现在，通过谈话来理解、引导他人的方式渗透在社会中，大多数跨国公司、政府官员和商务拓展专家都意识到了谈话技巧的重要性，他们每天都会使用这些技巧去说服和影响别人。如果你还没有使用这些技巧，那么你要么被别人说服和影响，要么开始准备学习这些技巧。你的竞争对手毫无疑问已经准备好了！

第 2 部分：有说服力的语言模式

本书的第 2 部分专注于挑选出最有说服力的技巧。这些技巧是可行的，是由世界上非常有说服力和非常成功的销售专家总结出来的沟通风格。你接下来要学习的技巧将帮助你做到以下事情。

- 重新定义：轻松解决分歧，引导对话走向你的销售目标。
- 同意框架：增加亲和力、消除抵触心理和应对异议。
- 语言运算：添加和删除潜意识里的想法，给他人创造积极情绪。

- 融洽关系：立刻引起共鸣。

- 因果逻辑：加强你的说服力。

- 意识模式：让别人无条件地接受你说的一切。

- 铺路石和领头羊式语言：快速避开批评和获得认同。

- 理解—同感—引用：奇迹般地消除异议。

- 内在表征：悄悄引导他人的思维方式。

- 动机方向：发现客户做出购买决策的内在驱动力。

- 测试真假：破解客户眼中的隐藏信息。

- 部分理论：将反对意见分成两部分，分而化之。

- 引用模式：引用他人的话说服他人。

- 肢体动作：用肢体语言引起他人的注意。

第 3 部分：有说服力的提问技巧

在本书的第 3 部分，你将发现一些提问方式比另外一些更能发挥出强大的作用。当你充分、深刻地理解了信息的微妙作用，你就能在说服力和提问技巧方面实现质的飞跃，也就可能更好地控制每一场谈话，引导事态向你希望的方向发展。对于有效的交流和信息交换，提出恰当的问题是重中之重。

然而，你不仅要通过小心谨慎地提问来获取你想要的信息，还要巧妙地给予对方积极的心理暗示。你会很快获得对方的认同，甚至能让他们感受到你是最有说服力的，你的话是不可撼动的。下面我将告诉你如何做到这一点。

- 预设问题：将预设信息融入你的问题中。
- 附加疑问：获得客户自发的认同。
- 功能强大式问题：打开客户的心扉，悄悄植入建议。
- 未来测试式问题：让客户渴望你的产品或服务。
- 标准问题：理解客户看重什么，满足客户的需求。

第 4 部分：准备好说服别人

在本书的第 4 部分，我呈现了一系列逗趣的问题，旨在强迫你换一个角度思考，增强你对说服力的关注和全面准备。我将传授一种被证实是有效的技巧，以大大加强你的自信心，你以前可能从来想不到自己会如此自信。为了提高你使用说服技巧的熟练程度，我还会告诉你如何练习使用语言模式。

- 向自己提问：准备好应对可能出现的结果。
- 建立自信：用自信的态度说服他人。
- 如何练习：熟能生巧。

目录

第 3 部分　有说服力的提问技巧　// 179

准确地提出问题和清晰地表达你的看法，能帮你积极地将自己的建议和观点植入对方的潜意识，悄悄地影响他们的看法，促进他们做出决定。

第 4 部分　准备好说服他人　// 235

准备好说服他人了吗？当几种语言模式恰当地排列组合，并用你与对方熟悉的风格沟通后，你会发现自己的技巧所向披靡。

PERSU

第 1 部分
与潜意识对话

ASION

第 1 章
在语言中植入建议和暗示

意识就像暴露在阳光下的喷泉，落下来的水花会流向巨大的隐藏在地下的潜意识水池，而喷泉就是来自这里。

——西格蒙德·弗洛伊德（Sigmund Freud）

什么是植入式要求

我很高兴在此讲述迄今为止最强大的说服技巧。在了解如何使用植入式要求之前,我们首先需要明确它们是什么。

植入式要求是由诸如"走""买""喜欢"和"停止"等单一词汇构成的指令,或是由简短的句子构成。人们以特殊的方式使用这些词汇或句子,将想要表达的信息直接传递到其他人的潜意识中。

我们为什么使用植入式要求

将植入式要求引入销售情景中的理由是我们希望绕过客户的意识,让客户听从我们关于产品或服务的观点以及我们希望客户接纳的建议。换言之,我们通过植入式要求直接作用于客户的潜意识。我们的目标是在潜意识层面进行沟通,让客户在不知不觉中受到影响。

在你领会上面这些话时,我能读懂你们大多数人在想什么。请放轻松,进入别人的潜意识并没有你想象的那么邪恶。我们大多数人都没有意识到自己其实经常窥探别人的潜意识,因为这太寻常不过了。只有当我们有意识地去影响别人的潜意识时,这才会成为一种强大而可怕的说服技巧。

植入式要求为什么会起作用

我们可以评价、审视、支持、谈论、丢弃或者排斥我们听过、读过、看过的所有事物。但是，那些悄悄进入我们潜意识的概念、观点和建议却不会遭到审查和反对。贮藏在潜意识中的信息影响着我们的思维、决策和行动。

当我在超级说服力研讨会上介绍植入式要求时，发生了这样一件事。一位研讨会成员担心自己表现得有些傻，就决定向他人请教，而不是继续练习说服技巧。我听到了他和另一位成员的谈话。

成员 1： 每次我想尝试说服别人，我总是会犯错。

成员 2： 但是，只有通过不断学习和尝试，你才能快速掌握植入式要求啊。

他们不知道的是，成员 1 更像是一位专家，因为他所说的话至少包含两种没有被成员 2 意识到的植入式信息：第一，成员 2 更有经验；第二，成员 2 理应指导成员 1，尽管成员 1 没有命令或要求成员 2 给予指导。我将在后面分析他们的对话，而你将会通过这个例子理解大多数人在日常交流中都能熟练地、毫不知情地运用植入式信息去影响他人的潜意识。

在本章中，你将学会如何在业务中创造合宜的植入式要求和暗示，还会学会如何正确地表达这些信息，以获得最大的效益。随着你不断进步，你将开始领悟清楚、恰当的表达方式的重要性。如果你不能恰当地使用这种说服技巧，你通常只会得到你不想要的结果。

医疗专家已经注意到每个人在日常交流中都会自然而然地使用植入式要求，而且认识到如果对患者积极使用这种技巧，引导和改变患者的思想和信念，就能给患者带来极大的好处。销售/营销领域的工作人员也可以利用这种语言技巧获得强大的说服力。

想象一下：如果你能要求、引导或者命令别人去做他们通常会反对的事情，或者以特定的方式去思考某些事情，那么你就会发现你完全有理由使用植入式要求来达到目的。有时，人们就是会做他们通常会反对的事情。我相信你很熟悉这种情况，尤其是如果你有孩子，这似乎是人类的天性。

在日常商业冲突中，如果我们只需要告诉消费者和潜在客户购买我们的产品和服务，就能让他们去做我们希望他们做的事情，那真是太好了，是吧？将植入式要求主动融入看似平常的对话中，你就可以增强你的说服力。你会越来越热衷于这么做，对吧？

你可能会质疑在日常生活交流中使用植入式要求及绕过别人意识的想法，觉得这无法有效地影响别人。就事实而论，其实大多数人都没有意识到自己擅长说服别人。

让我们回到前面我无意中听到的对话，请注意这两位成员都使用了植入式要求。

成员1：每次我想尝试说服别人，我总是会犯错。

成员2：但是，只有通过不断学习和尝试，你才能快速掌握植入式要求。

分　析：成员1的话表面上是说自己缺乏经验，但他的实际意图是向成员2请教。成员2显得很有经验，建议成员1要不断学习和尝试。成员1通过植入式要求达到了自己的目的，成员2也能让成员1按照自己的想法去做。有意识的大脑接收整句话的表面意思，而潜意识却能检测出话中潜藏的积极含义。

这个例子表明，大多数人都会无意识地将要求和暗示植入日常交流中，而且意识不到他们所说的一些话对其他人以及他们自己的潜意识所造成的影响，尤其是当他们持续强化负面信息的时候。

积极使用这种技巧，你将看到自己获得越来越多的收益：你将会一直享受不断取得的、可以衡量的成就，提升自己的经济地位；你将会成功地扩大自己的影响力和亲和力，拥有越来越多的回头客业务，并从中获得利益和其他你想象不到的优势。

当然，现在不是只有我们会使用植入式要求，因为自从这种技巧被发现以来，情况就发生了相当大的变化，而且这种技巧几乎无处不在。大型企业向广告公司支付大笔金钱，以引导没有戒备心的普通大众做出相应的购买决策。令人吃惊的是，大型企业并不能总是达到它们想要的效果。我听到过一家著名软奶酪品牌的电视商业广告，下面是这则广告的最后一句话："软奶酪太油嫩、太美味了，我简直无法抵抗！"这句话大概是企业想要传递给观众和潜在消费者的关键信息。

你发现这句广告语的明显错误了吗？最后这句广告语旨在调动消费者的购买积极性，如果广告语强调的是企业希望看到的积极的购买行为，而不是消费者"简直无法抵抗"，那么就能更好地达到预期效果，为企业带来更大的收益。这则广告营造出来的形象是一位演员正在享用软奶酪，但是当我听到"简直无法抵抗"时，我的潜意识却告诉我要以各种方法去抵抗这样的广告。

你们和我一样，可能经常听到漏洞百出的广告。听到这种广告时，我通常会想，如果我私下里告诉跨国企业的总经理他们高价请来的广告商犯下的基本错误会如何。我通过这个例子想要传达的信息是，确保你在推广自己的产品或服务时不要犯下同样的错误。

✍ 金玉良言

要习惯于以简单明了、意思明确的方式表达你的想法，思考别人可能会如何诠释你的表达。此外，还要学会时刻运用这种独特的洞见，打造你的优势。

一旦你开始领悟植入式要求，你就会发现这种技巧在电视、广播和公共汽车的商业广告中以及本章中经常被使用。实际上，你将意识到政治家是如何通过仅仅问几个问题就能引导与他们对话的毫不知情的采访者的，你还会在别人对你使用这种技巧时变得更加警惕。

说到政治家，我正好想介绍托尼·布莱尔（Tony Blair，1997—2007 年担任英国首相）于 2003 年 7 月在美国国会的演讲。

部分内容如下。

> 谢谢议长、副总统和各位尊敬的国会成员。你们对我的热烈欢迎让我深受感动。坦率地讲，我并不值得，而且我以前从未享有过这么好的待遇。

> 首先，我非常真诚地感谢诸位投票授予我"国会金质奖章"。但是诸位和我一样，都清楚谁才是真正的英雄：那些勇敢的服役士兵，不管他们是男还是女，是英国人还是美国人，他们都在积极奋战，拿他们的生命冒险。我们要以隆重的方式悼念那些牺牲者，告诉他们以及他们的家人：他们的血不会白流，他们的牺牲给下一代带来了更加平静、繁荣和充满希望的生活。

你能指出其中的潜台词吗？如果不能，那就再读一遍。在这次演讲中，布莱尔非常明确地让听众去做某些事情，但是听众却不会觉得自己是被说服去做这些事情的。布莱尔使用了植入式要求来引导听众像他那样去思考和采取行动。

我们分析一下这句话："首先，我非常真诚地感谢诸位投票授予我'国会金质奖章'。但是诸位和我一样，都清楚谁是真正的英雄。"

在这个例子中，要求式语言"诸位和我一样"被植入演讲中，听众会在潜意识里从字面上理解布莱尔的表达。听众在意识层面没有注意到这句话的潜在含义，只是听到了其中非常重要的信息。布莱尔是在有意识地影响听众吗？谁知道呢？但不管怎样，你都可以开始采用这种技巧了，对吧？

🏃 躬行实践

当你第一次读到"你们和我一样""我和你们一样"之类的语言模式时，你是否注意到并且理解了其含义呢？这样的语言模式并不是第一次出现在托尼·布莱尔的演讲中。你重新读一下本章，就会发现我在前面已经使用过这样的语言了。

创造和运用植入式要求和暗示

设计和使用植入式要求其实相当简单。通常来说，对一种技巧的描述只是看上去比技巧本身要复杂得多。你只需要遵从两个步骤，每一步都有一系列简单的准则，我将在后面对此做出详细描述。第一，你需要明确你希望对方去做什么、去想什么，或者去遵照什么；第二，你需要使用类似于托尼·布莱尔使用过的技巧，绕过对方的意识，在对话中悄悄植入你的想法。

创造植入式要求

在与客户和潜在客户交流时，大多数销售人员、市场营销人员和商务拓展专家都会运用相似的植入式要求。随着你对使用这种技巧越来越自信，你将自然而然地在工作场合中创造合适的植入式信息，而且更为重要的是你还会将植入式要求完美地融入你的交流风格中。为了让这种技巧的效果最大化，你需要记住植入式要求必须简短明了，并且要习惯于在日常交流中使用植入式要求。下表中列出了一些简短的词句，你很可能经常毫无意识地使用它们，而且你很可能并没有以最有效的方式使用它们。我将在后面阐述如何清楚有效地表达植入式要求。

关于要求的例子：

现在购买	买这个
喜欢我 / 这个	尝试这个
相信我	现在开始去做
现在做决定	听我的话准没错
想要这个	现在需要开始去做
需要拥有	我需要这个
我买得起这个	我想要这个
与某家公司合作	自信起来
感觉舒适自在	感觉很好
积极一点	快乐一点
准备好现在就买	为下一次见面做更好的准备
热情一点	兴奋起来
看上去很好	现在注册
做出正确的决定	按我说的做
认同我	今天签约
让我们继续	

　　从这个表中，你可以推断出植入式要求主要由动词构成，这些动词暗示着我们希望别人做出某种行为、产生某种想法或者感受某种情绪。我有意避免使用不定式和进行时的动词形式，因为表中的动词起着形容词的作用，能弱化要求的语气，让听者在潜意识里接受。

　　研究表明，大脑能根据听到的动词构建心理图像。我将这些心理图像称为"内在表征"。还有研究发现，有些大脑区域对动词的反应明显要比对名词的反应快得多。而且在无意识中，大脑会连续不断地监视语言模式和发音节奏，以便从中找到重要的动词。

✍金玉良言

　　思考下面列出的动词，将它们恰如其分地用于你的报告、推销信函、招聘简章、电子邮件和其他文本。

　　通过动词启动植入式要求的力量！

　　A：安置。

　　B：辨认、保持、补充、表演、保留。

　　C：采纳、创造、阐明、澄清、尝试。

　　D：带来、打破、带领、点燃、导致、抵制、调配、定义。

　　F：废除、发表、发现、分配、发明、反对、发扬、发送、翻阅、发泄。

　　G：构建、购买、改变、跟随、革新、过滤、管理、更新。

　　H：获得、号召、衡量、缓和。

　　J：决定、集中、激励、加剧、聚集、建设、激发、解释、计划、加工、继承、加速、解决、简化、坚持、减少、加强、继续。

K：开发、开拓、控制、克服、看、开创、渴望。

L：连接、领悟、浏览、练习、理解。

M：面对、满足。

N：拿走。

P：评估、培养。

Q：期待、确认、驱使、确保、敲定、前进、启动、劝说、去除。

R：认出。

S：设计、施加、生产、实现、审视、缩短、使用。

T：调整、逃避、探索、提高、投入、替代。

W：完成。

X：行动、选择、修复、学习、训练、相信、削减。

Y：应用、迎接、压制、延伸。

Z：增加、执行、抓捕、转换、诊断、珍惜、资助、抓住、知晓、照亮、掌握、最大化、制造、准备、阻止、再三考虑、指出、战胜。

使用简单的语言

能产生最佳效果的植入式要求都是很简短的日常用语，并且经常被重复使用。为了在不知不觉中重新表述我们的意图，我们用不同的词语表达相同的意思，而且通常会用非常简短的词汇开头。例如，**我们可能会说"买"，而不是"购买"；会说"看"，而不是"观察"；会说"走"，而不是"离开"或"前进"。**

我们的大脑为了理解这些动词，会构建相应的心理图像。语言越复杂，大脑就需要构建越复杂的心理图像，植入式要求也就越难发挥有效的作用。例如，相比于"即刻购置"，大脑更容易从"现在就买"这样的陈述中提取信息和生成内在表征。与"即刻"和"购置"相比，"现在"和"买"是更通俗易懂的概念。

用开场语配合植入式要求

你会发现，当你在给出实际建议之前使用一个简短的词语来调节气氛时，你使用的植入式要求便具有很强大的力量，能够让听众或者读者在不知不觉中就欣然接受你的想法。我将这种简短的词语称为"开场语"。

在你读到这一段之前，你不可能注意到这种技巧的力量。上一段的"你会发现"就是开场语，其后面的内容才是我想表达的目的，即建议你使用植入式要求。这种说服方式的基本原理是一些观点很容易绕过读者或听众的意识，悄悄溜进文本或对话之中。

当然，仅仅写出一个开场语和一个潜藏的建议并不能成功地起到植入式要求的作用。你应该在写作中突出你的个人风格，并且选择适合电子邮件、短信、招聘简章或推销信函等文本的表达方式，例子如下。

- 你在使用植入式要求时就会发现这一点。
- 你在*使用植入式要求*时就会发现这一点。

● 你在**使用植入式要求**时就会发现这一点。

在交流中，植入式要求必须被正确地表达。前面我说过，大脑会持续不断地搜寻语言模式和发音节奏；后面我将告诉你如何做到这一点，因为这种说服技巧充分利用了我们大脑的这种自然行为。

一旦你创造了一套植入式要求，那就开始寻找机会，将它们恰当地融入交流中，然后很快你就会开始自发地在你的对话和文本中形成开场语。开场语受到很多研究者的关注，他们想要解释这些开场语是如何影响听众的。我曾经使用开场语和植入式要求让人们选择"阅读本书"和"参加说服力课程"。当然，你也可以使用你自己的开场语，或者参考本章前面给出的例子。

* * *

开场语：当你

例子：当你阅读本书时，你将意识到变得更有说服力是多么容易。

评论：这个短语假设听众将会做你希望他去做的事情。它不适合用于讨论。

* * *

开场语：如果……会怎么样

例子：如果你参加说服力课程并因此在几天内签下一个大单子、在 9 周内实现季度目标，会怎么样呢？

评论：这个开场语很特别，因为它本身也是植入式要求。"如果……会怎么样"是一个问句，换个角度就等于说"请你想象一下"，这是一种让对方间接思考和接受我们建议的方式。在这个例子中，我们通过提问将"参加说服力课程"植入其中。我们还可以让对方想象参加这个课程后在几天内成功签下一个大单子的美妙场景。

* * *

开场语：人们可以

例子：人们可以读一读这本书，然后很快将他们从中学到的强大的说服技巧应用于实战中，并且会对此感到惊讶。

评论：这个开场语很有诱惑力，因为当我们说"人们可以"时，并没有谈论或者针对我们的交流对象，而是转向了其他人，这样就能削弱交流对象的潜在抵抗。

* * *

开场语：如果你

例子：如果你阅读本书，你将变得更有说服力，因此更有可能说服老板给你加薪。

评论：与"人们可以"类似，"如果"一词也能削弱交流对象的抵抗，还能引导对方想象相应的情境。

* * *

开场语：随着你

例子：随着你阅读本书越来越深入，你将发现越来越成功是什么感受。

评论：这个开场语类似于"当你"，因为它们都假设对方会直接按照你的要求采取行动。此外，"成功"这个词汇能带给对方积极的感受，产生强大的说服力。

开场语：你可能会发现

例子： 你可能会发现，当你参加说服力课程时，你的自信心会随着你获得越来越多的新业务而不断提升。

评论： 在使用这个开场语时，我们应该暗示对方他们将会意外地遇到我们所描述的、会自然而然发生的事情。

* * *

开场语：你将体会到

例子： 你可能会发现，如果你阅读本书，你将体会到自己很自信，足以面对更大的挑战。

评论： 这个开场语与其他开场语共同使用，将对方所体验的与其他事物联系起来。在这个例子中，"阅读本书"的建议先于"自己很自信"。将你希望对方做某事与相应的积极情绪状态结合起来共同表达，这通常是一种很好的方法。后面提到的"面对更大的挑战"进一步提升了说服力。谁知道呢？你可能知道！

* * *

开场语：恳请你注意

例子： 当你参加说服力课程时，我恳请你注意你将建立更加稳固、获利更多的客户关系。

评论： 这类似于"你可能会发现"，因为它们都暗含这样的意思：我们所描述的是自然而然会发生的事情。"恳请"一词表达出了一层敬意，暗示对方可以自由选择采取哪种行动。

* * *

开场语：当你……你会感到多么惊讶

例子： 当你阅读本书，发现自己已经使用过书中描述的技巧，只不过你以前从未意识到这一点，你会感到多么惊讶。

评论： 这句话将你的建议含而不露，唯一的不确定性就是对方到底会感到多么惊讶。

开场语能降低对方的抵触心理，以一种迂回的方式增强对方的响应。为了降低抵触心理，提高响应度，打消对方的疑虑，你不能强制或者逼迫他们按照你所说的去做，即使你希望如此。你需要使用否定式的陈述。这种陈述都是话里有话的，都能有效地减弱要求的语气，引导听众有意识地注意。

* * *

开场语：没有必要

例子： 如果你想变得更有说服力，没有必要参加说服力课程。

评论： 这是一个极好的开场语，因为它能揭示对方是否有抵触心理。我们先建议对方没有必要做某事，然后对方在潜意识里会立即接受相反的信息，即"如果你想变得更有说服力，就有必要参加说服力课程"。

* * *

开场语：你真的不应该

例子： 如果你不需要赚更多钱的话，你真的不应该阅读本书。

评论： 这也是一种采用迂回方式说服对方的策略。对方不会听从我们的话，觉得"真的不应该阅读本书"。类似于这样的否定式陈述一开始听起来像是反对对方做某事，但是请你记住，这种陈述最重要的部分是其中的植入式要求。人类的潜意识会吸收这种陈述中的积极含义，而不会理会其中的消极含义。如果你理解否定式陈述的心理学，就会明白在这个例子中，听者关注的是"阅读本书"和"赚更多的钱"。

躬身实践

请你想一想：我们赚更多的钱到底是为了哪些重要的事情？列一张表格，将你的想法写出来，当然你也可以只是在心里想一想。列出你自己的真实想法，然后再来评论我的想法。我认为赚更多的钱可以让我有下列收获。

- 建立信心。
- 让自己感觉更加快乐。
- 从同事那里获得更多的尊重。
- 向世界展示你的成就。
- 去国外享受假期。
- 还清所有贷款。
- 买更大的房子或车子。
- 有更多的时间与家人在一起。

● 享受经济独立。
● 享受更广泛的个人自由。

你可能列出了和上述列表中部分相同的内容。我最终认为享受更广泛的个人自由是很多人都会努力追求的，所以我会说："如果你不想享受更广泛的个人自由的话，你真的不应该阅读本书。"

这是很有作用的表述，对吧？谁不想享受更广泛的个人自由，过上他们真正想过的生活？"真的不应该""不想""没有必要"等否定式陈述能帮助我们提高说服力，因为它们能消除抵触心理，促进对方深思并接受建议。

开场语：不要

例子：不要今天阅读本书，直到……

评论：与"不应该"类似，"不要"这个词似乎也是在引导对方不要做某事或者不要用某种方式做事，但是其语气更加强烈。在这个例子中，人类的潜意识无法侦测消极含义，只会吸收"决定今天阅读本书"这样的积极信息。

📖 经典案例

你是否听过父母或照料者对孩子说"不要打你的兄弟"？我们的潜意识是否只接收积极信息取决于命令或要求是如何被表达出来的，那么你应该能够理解孩子接收到的命令其实是打自己的兄弟，这正好与父母或照料者的意图相违背。类似的，你是否经常听到"不要落下你的钥匙"？在这种情况下，你的潜意识接收的建议其实是"落下你的钥匙"。

开场语：只要

例子： 只要你现在阅读本书，我就可以向你保证……

评论： 与传统的销售培训相反，我认为"只要"一词会引起对方的怀疑，减弱销售演讲的力量。请记住，跟在"只要"后面的要求式/暗示性词语才是最重要的。使用"只要"，看上去给了听者一种选择，却暗示他们只能做某事。当你想说服他人或者与别人谈判时，你可以将"只要"视作一个很有用的词，它能让你毫不费劲地传达你想传达的要求和建议，例子如下。

- 只要你现在同意……
- 只要你现在签约……
- 只要你和我一样，你可以想象……
- 只要你思考一下……
- 只要你来访问我……
- 只要你想用这个去做……

总之，我提到过的开场语包括：

- 当你

- 如果……会怎么样

- 人们可以

- 如果你

- 随着你

- 你可能会发现

- 你将体会到

- 恳请你注意

- 当你……你会感到多么惊讶

迂回式和否定式的开场语包括：

- 没有必要

- 你真的不应该

- 不要

- 只要

　　当你开始使用这些开场语时，非常重要的一点是你要灵活使用它们。参加过说服力课程的一些学生喜欢记住全部开场语，另一些学生更倾向于理解"开场语"这个概念，不喜欢生硬地使用植入式要求。前面列出的开场语仅供你参考，你需要结合具体的交流场景直觉式地使用自己的开场语和植入式要求。随着你越来越熟练，它们就会水到渠成地出现在你的交流场景中。

　　上面这段话有多少植入式要求呢？如下。

- 使用这些开场语
- 灵活使用
- 记住全部开场语
- 使用植入式要求

在日常交流中如何使用植入式要求——影响潜意识

在表达植入式要求时，仔细地留意你的语气、说话的时机和节奏，这至关重要。

如果你想明确地表达植入式要求，下面是三个你需要遵循的步骤。

第一步：以你平常的方式说话，在引入开场语时加快速度，然后停顿一两秒。

第二步：在停顿之后，开始陈述你的植入式要求，同时稍微降低你的声音。这样才会显得你是专家和权威，自己很有信心，一切尽在掌握。然后再次停顿一两秒。

第三步：以你平常的风格继续进行交流。

整个过程模式是这样的：

> 开场语 + 停顿 + 植入式要求，稍微降低声音 + 停顿
> + 像平常一样继续进行交流。

✍金玉良言

● 当你使用植入式要求时，最重要的是你一定要自信。你必须稍微降低你的声音，在适当的时候停顿。如果你不这样做，你就会发现一旦你在交流场景中开始使用植入式要求，对方就会反感和抵触，因为你似乎是在提出质疑和／或表述某种不确定的要求。

● 短暂停顿可能最开始会让你感觉不自在，直到你能很轻松地使用植入式要求。请记住，随着你的勤加练习，你的技巧会运用得愈发熟练，你的交流对象最终会相信这就是你日常的说话风格。

➡ 练习 |

下面我列出了前面出现过的植入式要求，并且用两种方法指导你如何使用它们。

1. 我用"/"表示句子中应该短暂停顿的地方。

2. 我用斜体字表示植入式要求。

现在请大声阅读下面的段落，看到"/"时停顿一下，看到斜体字时则稍微降低声音并使用稍微威严而低沉的语气。

● 当你 / *使用植入式要求*时 / 最重要的是 / 你*一定要自信* / 你必须稍微降低你的音量，在适当的时候停顿。如果你不这样做，你就会发现，一旦 / 你在交流场景中 *开始使用植入式要求* / 对方就会反感和抵触，因为你似乎是在提出质疑和 / 或表述某种不确定的要求。

● 短暂停顿可能最开始会让你感觉不自在，直到 / 你能 *很轻松地* / 使用植入式要求。请记住，随着 / 你的 *勤加练习*，你的技巧会运用得愈发熟练，你的交流对象最终会相信这就是你日常的说话风格。

这两个段落中的植入式要求如下。

● 使用植入式要求。

● 一定要自信。

● 开始使用植入式要求。

● 很轻松地使用植入式要求。

● 每天练习。

如果你参考本书中的"金玉良言"去做事，那你就会发现，你所使用的两个植入式要求之间的距离稍微变大了。尽管你可能没有意识到这一点，但是你的潜意识却已经吸收并已经使用书中的建议。回顾本章内容，以相同的符号标出其中的植入式要求。

一些人在开始尝试使用藏而不露的植入式要求时会感到很兴奋。只要稍加练习，大多数人都能学会这种说服技巧，通过使用这种技巧获得自己想要的结果。他们还会发现，他们的交流对象相信这就是他们本来的说话方式。

我之前说过："当你使用植入式要求时，最重要的是你一定要自信。"如果我换种说法，"当你使用植入式要求时，不要担心自己听起来很奇怪，因为对方相信这就是你本来的说话方式"，结果会怎么样呢？

这个看似没有什么问题、代表着我们大多数人说话方式的陈述句隐含着什么信息呢？它隐含的信息恰好与说这句话的人想要传达的信息相反："你很担心"，而且"你听起来很奇怪"。

✍金玉良言

加强你的沟通技巧，以清楚明了的方式准确地表达你的意思，深入了解其他人的潜意识会如何解释你传达的信息。

植入式要求：分散式技巧

我已经说过，植入式要求必须包括一个动词，而且应该尽量简短明了，通常不要超过 5 个词。在向他人传达潜意识信息时，还有一种技巧可以使用。这种技巧需要你做出更多准备，还需要你创造和记住一些短小精悍的梗或故事。

这种技巧被称为"分散式技巧"，因为在使用这种技巧时，你会将你的要求或建议分散到短小的故事中，以这种方式影响别人的潜意识。

请你大声阅读下面的小故事。

我回忆起一位潜在客户曾经询问我是否能接手薪酬调查的业务。"吉姆，"我直接称呼他的名字，"吉姆，我要打几个咨询电话，然后在下周联系你。"当时我所在的公司在欧洲大陆拥有庞大的合作网络，能够获得很多资源。我们的业务在欧洲北部和中部受到限制，因为客户更喜欢瑞典、丹麦、法国和德国的供应商。不知道为什么，欧洲南部却不一样。很快，我们整理出了一张我们认为有合作机会的目标公司的列表。当我给那位潜在客户打电话，告诉他我们正式接受他指定的任务时，他感到非常高兴。

现在，请你再读一次。看到"/"时就停顿一两秒，看到斜体字时就以低沉的要求式语气读出来。你将逐渐发现这个故事中的植入式要求。

我回忆起一位潜在客户曾经询问我是否能接手薪酬调查的业务。"吉姆，"我直接称呼他的名字 /，"*我要* / 打几个咨询电话，然后在下周联系你。"当时我所在的公司 / 在欧洲大陆*拥有*庞大的合作网络，能够获得很多资源。*我们的*业务 / 主要限于欧洲北部和中部，因为客户 / *更喜欢* / 瑞典、丹麦、法国和德国

的 / *供应商*。不知道为什么，欧洲南部却不一样。很快，我们整理出了一张 / 我们认为有合作机会的目标公司的 / *列表*。当我给那位潜在客户打电话，告诉他我们正式接受他指定的任务时，他感到非常高兴。

我们通过故事所传达的信息会更为明确。请你继续练习阅读这个故事，直到你非常熟悉其中的停顿和音调变化。这种技巧能起作用是因为大脑潜意识里在持续不断地寻找语言模式和发音节奏，它只会检测到被强调的词语，而我们在意识层面只会对更加广阔的故事背景感兴趣。

你的任务是列出你想给予对方的建议或者暗示，将它们融入你的表述之中，然后在与对方交流时按照前面提到的三个步骤表达你的看法，突出核心信息。

🖋 金玉良言

- 故事作为一种载体能够很好地容纳你想传递给别人的要求、建议或者暗示，而且能适应你想表达的各种主题。例如，如果你知道你的潜在客户最近刚度假归来，而且你曾经去过他度假的地方，那么你就能讲述你的度假故事，在看似寻常的交流中达到向对方推荐某个旅游胜地或者某项航班服务的目的。如果你没有故事，那就编一个！

- 不断练习，将你的建议与你的故事完美整合在一起。

- 评论报纸和商业杂志上的文章，结合你的建议和观点重新写出里面的故事，并牢记这些故事，以后也许能用到它们。

关于练习植入式要求的结束语：

- 在没有压力的环境下练习直接的和分散的植入式要求。
- 慢一点表达你的意思，随着信心的增加再逐渐提高语速。
- 在植入式要求与普通词句之间一定要降低音调和稍作停顿。

只要你有决心和多加练习，你的音调的变化和短暂停顿就会变得更加微妙和不易察觉。

谨慎地运用你在本章学到的知识和技巧。祝你愉快！

▪ 本章小结 ▪

植入式要求是由动词构成的词语，我们使用它们绕过别人的意识，作用于他们的潜意识。

- 尽量让你的植入式要求简短明了。

- 在构建植入式要求时，通常使用动词的基本形式。

- 在每次会面时都非常清楚自己的交流目的。

- 利用植入式要求达到你的目的。

- 确保你将植入式要求用在合适的人身上。例如，如果与你对话的人没有做出购买决策的权力，那么你再怎么说服他也是徒劳无功的！

- 在销售演讲时提前使用植入式要求。

- 根据具体的语境创造合适的开场语，或者从前面提到的开场语中选择你最喜欢的。

- 在你重复植入式要求时，首先使用简单的词语，再过渡到更加复杂的词语。

- 管理你的预期，因为听者可能需要一些时间完全消化你的植入式要求。

- 写出来的植入式要求和说出来的同样有用。

PERSU

第 2 部分
有说服力的
语言模式

ASION

第 2 章
重新定义：轻松解决分歧，
引导对话走向你的目标

面临重重困难，你可以改变前进的方向，最终达到目标，但是你不能改变你要达到目标的坚定决心。

——金克拉

当你发现自己在交谈中失去主导地位而不得不改变主张时，或者别人提出一种你未曾想到的观点、完全改变了事情的发展进程时，你有什么感受？更糟糕的是，当你正讲得兴高采烈或者发表重要演讲时，有人在错误的时机突然插话，挑战你的观点，严重干扰你的思路。在这种情况下，你又有什么感受？

回忆一下，你是否有这样的经历：在商务会谈中，你无法站在自己的立场快速思考，因为反对意见接踵而至，让你无力还击。也许，你更喜欢让别人掌控话语权，不知道如何应对别人的反对意见。也许，别人看上去过于强势，根本不给你表达看法的机会。

大多数销售精英、市场经营者在职业生涯中都遇到过上述情况，是吧？如果你经历过这些事情，那么你在本章将会发现一种能帮助你夺回话语权、重新控制主动权的方法，使你不会屈从于别人。你会将谈话拉回对你而言重要的点上，对各种反馈意见做出回应，而且最重要的是，你还能确保其他人会追随你的领导。

在本章你将要学习一种巧妙的语言模式，我把它叫作"重新定义"。这个概念听上去像一种专业技术，我要补充一点，我不会用晦涩的语言描述这种技巧，而是会帮助你快速掌握它，增强你的说服力和语言优势。问一问你自己：能言善辩和在交流中天衣无缝地引导对方达成你的目的有多么重要？避免在交流中屈从同事的压力或者因为其他人提出的让你意想不到的挑战而手足无措又有多么重要？

重新定义的目的是让你能有效而优雅地做到以下事情。

- 改变谈话的方向或主题，使其符合对你而言非常重要的问题、事件和观点。
- 控制讨论的方向和过程。
- 彻底改变别人的看法或思维方式。
- 对于任何反对意见都能给出回应。
- 在商务会谈中不会狼狈不堪。
- 拥有表达自己观点的自信，而非总是听从别人。

面对反对意见时如何使用"重新定义"

重新定义包括两个步骤。第一步是，当其他人提出反对意见时，你首先要重复表述对方的观点，指出问题并不是对方所说的那样，然后说出真正的问题所在，转移谈话方向。这样你才能达到自己的目标，或者说离自己的目标更近了一步。

一旦你重复表述了对方的观点，并说出了真正的问题所在（你的目标），那么接下来你就要表明你的观点，将谈话方向往你所追求的目标引导。下一步，你可以向对方提问，从根本上引导对方的思维，使其最终同意你的观点。

重新定义的结构

我用（A）表示其他人的观点或反对意见，用（B）表示你希望在交流中引入的话题，然后是"这意味着"或"那意味着"。

第一步：问题不是（A），而是（B），这意味着……或那意味着……

在说出"这意味着"或"那意味着"之后，有趣的事情就发生了，因为你可以将谈话引向任何话题，只要你觉得这个话题能够帮助你占据主导地位，并最终取得你想要的结果。

第二步：提问。

在第二步，我主张你应该提问。第二步不是重新定义的必要组成部分，你可以提问，也可以只完成第一步。对于大多数想要增强说服力的人来说，第一步已经足够了，而且大多数说服力课程或书籍都不会提及第二步。但是，我非常喜欢第二步，因为提问这种方式能让我植入自己的观点，明确地将我与反对者的交流内容锁定在自己的目标上。

在完成第一步后，你应该提出问题。请记住，最有说服力的问题总是以"什么""如何"和"哪里"开头。这样的问题能确保对方认真思考你在交流中引入的新话题，同时还能防止对方仅仅回答一两个字。

金玉良言

如果你决定提问，那么你需要使用合适的连接词将问题与前面的内容衔接起来。比如：问题不是（A），而是（B）……接下来，我想知道你对（B）的看法是什么。

为了最大程度地达到目标，你需要遵循下面的提问模式：

> 重新定义的第一步 + 连接词 + 我想知道 / 我很好奇 /
> 我很感兴趣 / 我想明白 + 什么 / 如何 / 哪里……

你不能说："问题不是（A），而是（B）。但是，请告诉我，你对（B）的看法是什么。"在这句话中，"但是"一词起着否定前面所述内容的作用，削弱了说服力，会让你失去主导地位。

✎金玉良言

- "和""以及""接下来""然后"等连接词与"但是"都有一定的影响力，不过效果可能完全相反。
- 在使用重新定义时，你应该说"而且这意味着"或"而且那意味着"。
- 不管在任何情况下都不要说"但是这意味着"或"但是那意味着"，因为这样的话会让你的交流对象否定你前面所表述的内容。
- 如果你要提问，一定要使用合适的连接词将问题与前面的内容衔接起来。

下面是你可以选择的三种重新定义的模式。

- 问题不是（A），而是（B），而且那意味着（C）。

- 问题不是（A），而是（B），而且那意味着（C）。接下来（或其他恰当的连接词，除了"但是"），我想知道／我很好奇／我很感兴趣／我想弄明白，什么／如何／哪里……
- 问题不是（A），而是（B），然后我想知道／我很好奇／我很感兴趣／我想弄明白，什么／如何／哪里……

📖 经典案例

案例 1

我记得在 20 世纪 70 年代晚期，我作为初级广告销售主管，去拜访一位新的潜在客户。在初次交谈后，他说："我只是出于礼貌才与你会面。我不需要打广告，因为我的所有业务靠的都是我这张嘴。"

我立刻回应了他的异议，尽管当时我没有意识到我的反应就是我在本章中描述的"重新定义"。我使用过很多次这种语言模式，都取得了成功。你可能和我一样，当你本能地使用"重新定义"时，你并不知情。

后来，我发现了我在交流中使用的语言模式，并且开始在我的销售生涯中有意识地运用它们。当然，其他人运用这些语言模式说服我时，我能立即察觉出来。你和我一样，将从这些语言模式中获得很多意外收获。

我看着那位潜在客户说道："我同意你的观点。你将自己的业务经营得很好。问题不是你的所有业务靠的都是你这张嘴，而是如果你从来不打广告的话，你就不会知道你还可以通过其他经营策略获得多得多的业务。请你告诉我：增加业务量和提高收入对你而言意味着什么？"

案例 2

几年前，我面向一群招聘工作者举办了一次说服力研讨会。作为研讨会的一部分，我请他们讲述他们遇到过的最具挑战的反对意见。一家猎头公司的董事长发言说，他曾经在一种尴尬的情况下努力说服一位客户接受他所提供的业务。

对他而言，他当时遭遇的反对意见确实是很有挑战性、很难解决的。作为一位专业的猎头，他从他想要合作的企业中挖走过几乎所有的高端人才。

这位猎头曾经挖走了那位客户所在企业的最顶尖的人才。因为此事，那位客户私下里向他表示过不满和反对。我以前做过猎头顾问，偶尔也会遇到这种情况。我向那位猎头介绍了"重新定义"，因为我认为这是一种完美的解决方案。

我认为他应该这样回应那位客户："我同意你的观点。6个多月前我挖走了你的核心人才，你对此不满。然而，问题不是我挖走了你的核心人才，最重要的问题是，我们以前合作过，你知道我的为人和工作能力。我是一位猎头，我绝对不会放弃挖走我看中的人才的机会，我永远不会接受别人的拒绝。在你面前我也是这样。你可以想象：让一位这样的猎头行业专家为你工作，你能获得什么优势呢？"

这位猎头接受了我的解决方案，稍微改变了一下措辞，使其更符合他自己的沟通风格,然后离开了房间。几天后,他告诉我他赢得了那位强势客户的信任,签订了合同。

我想知道你是否已经意识到,随着你越来越能主动使用说服技巧,自信变得越来越重要。令我感到好奇的问题不是你是否对新学到的说服力专业词汇感到轻松自在,而是你是否能将"重新定义"这种说服技巧融入你的沟通风格中,并灵活地运用这种语言模式获得你想要的结果。

下面是各种运用重新定义的方式。如果你已经对这种语言模式感到轻松自在,那就使用它。更好的情况是,你能严格理解这种语言模式的精髓并创造出你自己的风格。

- 我明白你的意思。(A)不是最重要的。最重要的是(B),而且这意味着我们应该(C)。你认为什么是……
- 你的观点的薄弱之处在于真正的问题与(A)没有多少关系。需要集思广益的领域其实是(B),而且这意味着(C)。什么领域……
- 关键点不在于(A),而在于(B)。这意味着(C)。如果我们……如何?
- 问题不在于(A),而在于(B)。这意味着对你而言何时才是做……的最佳时机。

✎金玉良言

　　不管你是想与别人谈判还是旨在说服别人，至关重要的是你在一开始就必须明确你想要的结果。如果你没有一个清晰的目标，你就无法衡量你的说话技巧的有效性。当然，这个目标不一定是你的长期目标。

- 经常练习重新定义这种语言模式。你可以对着镜子大声练习，观察你的面部表情的变化。预测你可能会遇到的反对意见，大声给出回应。如果你不喜欢"问题"这个词，你可以根据自己的语言风格换成其他的词，但是你一定要遵循重新定义的基本结构。

- 找到一位志趣相投的同事，一起练习重新定义，这会给你带来很多乐趣，也是一种帮助你快速掌握重新定义的好方法。

■ 本章小结 ■

使用重新定义，你可以：

- 改变别人对某事的看法；
- 回应别人的反对意见；
- 通过交流达到你的目的；
- 掌控谈话的控制权，让谈话内容围绕你的目标进行；
- 改变谈话的主题；
- 让别人跟着你的想法走。

建议：

- 围绕重新定义的核心格式，用流行词汇包装你的语言。
- 假想一些你能使用重新定义的交流情景，根据这种语言模式的基本框架大声复述你的观点，直到你熟稔于心。

现在，你已经理解这种语言模式了，那就使用它去应对别人的异议，将谈话的方向或主题往你的目标上引导。

第 3 章
同意框架：增加亲和力、消除抵触心理并应对异议

我总是说"我非常同意"，即使我完全不同意。

——贾罗德·金兹（Jarod Kintz）

你能回忆起上次你与客户因为观点一致而达成协议的情景吗？你是否觉得观点一致足以促进客户购买你的商品呢？你有时候会故意同意客户的观点吗？

通常而言，大多数人不会将同意作为一种说服对方的方法。你有可能同意客户的某些观点，因为你确实同意！好吧，这听上去像一句废话。我要补充一点，这就是大多数人对同意的看法，他们都忽略了同意的作用。

在本章，我将讨论自然发生的同意有什么效果，还将讨论如何主动运用同意这种技巧增加亲和力、消除抵触心理并提高回应率。

我将介绍一种语言模式，它利用了同意的积极效果，使我们能巧妙地重新引导和控制谈话方向，从而达到我们的目标。我还将讨论如何通过表面上同意别人的反对意见来促进合作。

在描述如何准备和使用同意框架之前，我首先会解释在本章语境中"同意框架"的意思。"框架"一词确定了一次交流或经历的界限，在本章中，我们要讨论的是同意这种经历的界限。接下来，让我们讨论同意框架是什么意思和它为什么具有强大的作用。

"我同意"是我们大多数人在日常交流中都会说的一句话，但很少有人知道这是一种看似微不足道实则效果明显的语言模式。一旦你领悟了"我同意"的效果，并用它来影响别人、获得你想要的结果，你就会发现它是一种充满活力的说服技巧。

停下来想一想下面的几个问题。

- 当别人认同你时，你感觉如何？
- 对于那些认同你的人，你感觉如何？
- 当别人认同你时，接下来通常会发生什么？

现在回答下面的问题。

- 当别人不认同你时，你感觉如何？
- 对于那些不认同你的人，你感觉如何？
- 当别人不认同你时，接下来通常会发生什么？

当其他人不认同我们时，我们经常会立即变得警惕起来，而且会继续坚持我们的观点和立场。谈话氛围可能会变得生硬，或者谈话会戛然而止，所谓的关系融洽也会瞬间消散。

与上述情况相反的是，当其他人认同我们时，我们非常高兴，是吧？这是人类的本性。你是否注意到，当你对其他人说"我同意"或者"你是对的"时，他们通常会本能地继续说下去，并提供更多的信息？他们这样做的原因是他们没有感觉到沟通过程中的任何阻力。你可以利用人类的这种天性来增强你的说服能力。

✍ 金玉良言

一种有效消除沟通阻力和构建融洽关系的方式是同意或者表面上同意对方的观点。不管对方说什么，即使我们实际上不同意，我们也应该策略性地表示赞同。

同意你不同意的

只要不做违背道德之事，你在使用同意框架时可以完全或者部分同意对方的观点。如果对方说出了你无论如何都无法接受的看法，你仍然可以策略性地使用同意框架。这时你可以说：

- 我可以同意你的部分看法，而且……
- 在某种程度上我可以同意你的观点，而且……
- 我同意你说过的……
- 我最同意你的一点是……

通过有意地使用这种语言模式，你在某种程度上对对方表示了认同，这样你就可以谨慎地与对方继续沟通下去。你表面上是在跟着对方的思路走，对方也觉得你是站在他那边的。当你发觉对方减少了抵触心理时，你就可以开始转移沟通的控制权，使其往你的目标方向发展。

请评论下表中的表述。

客户的反对意见	说服者的回应
我现在不需要这个。	我同意。你是对的。这完全有可能。你现在不需要这个，而且……
这不是我想要的。	我同意你所说的，而且……
这太贵了。	嗯，你是对的。我同意。这确实有些贵，而且……
我没有时间。	我同意"时间是宝贵的"，而且……

我知道，你大概无法理解同意上述反对意见有什么作用。你能思考一下这会有什么作用吗？我同意你的观点，接下来我会讲解同意框架模式的结构，向你揭示同意框架是如何发挥作用的。

同意框架模式的结构

同意框架模式包括三个步骤，下面我将依次讲解每个步骤。

步骤 1

首先你向对方表示同意，然后你使用连接词"而且"开始表达你的观点（你可以选择其他衔接前后内容的连接词，以最大程度地适合你的沟通风格）。

● 我同意，你是对的，而且……

- 我同意，而且……

- 你这句话真像是我说的，而且……

- 是的，太完美了。你说得非常正确，而且……

- 我尊重你的观点，而且……

- 我同意你的这种想法，而且……

- 我理解你的立场，而且……

- 我认为你的观点有一定的价值，而且……

- 你也许是正确的，而且……

步骤 2

你可以在连接词"而且"后面使用这些衔接句。

- 我想补充说明几点……
- 这意味着……
- 那就是为什么……

步骤 3

在交流中重新引入对你而言非常重要的话题，从而转变沟通的内容，达到你的目标。

小结

同意框架的结构是：

> 表示同意＋而且＋衔接句＋将谈话内容引向你的目标

如何增强同意的效果

一种非常强大却鲜为人知的增强同意效果的方法就是主动而巧妙地将肢体语言融入你的交流过程中。在表示你同意客户的观点时，看着他的眼睛，缓缓地点三次头。这种肢体语言能增强你的亲和力，帮助你向客户证明你是站在他那边的。

✍️金玉良言

- 一定要使用连接词"而且"来分隔同意框架模式的两个部分，因为"而且"能够使你说的话保持前后连贯性，引导你的客户从当前的话题进入你想谈论的话题。

- 尽量避免使用"我理解"，它不能起到"我同意"的作用，因为理解一个人是相当困难的。同意其他人的观点比宣称理解他们要容易得多。

🏃躬身实践

通过广播或电视听几场政治辩论，注意那些老练的政治官员是如何使用同意框架来引导谈话内容，进而谈论他们所希望谈论的特定话题的。

我很喜欢收听"早间新闻播报"节目，这个节目的主持人以简单直接的采访风格著称。他采访过一位高级官员，后者对他提出的第一个问题给出了相当模棱两可的回答。主持人对官员的回答不满意，他说出了下面这样的话。

主持人：没有人会反对那种看法（主持人稍作停顿，官员继续说了几句），而且问题是……

这是使用修改版的同意框架的绝佳案例。"没有人会反对那种看法"等同于"所有人都会同意"。不管所有人是否都会同意，这无关紧要。然后，主持人转移话题，说："而且问题是……"这个案例要说明的是，你应该使用符合自己沟通风格的同意框架，掌握沟通风格的内在结构。

同意与重建框架

为了进一步提升你的说服力，你在使用同意框架时还需要重建框架。这将增强你处理大多数反对意见的能力，让你势不可当。

在重建同意框架时，我们从积极的视角重复客户的反对意见。精通这种技巧需要你做一些准备。你需要了解和列出你的产品、服务或你的公司在哪些方面收到了最多的反对意见。你还有必要与你的同事进行头脑风暴。一旦你列出了客户可能会提出的反对意见，接下来你就应该记住它们，使用下面的重建框架模式积极地将它们表达出来。

重建框架模式的结构：我用字母"X"表示客户对你的产品/服务提出的消极意见，用"Y"表示你将客户的意见转变成的销售优势。Y 并不是对 X 的全盘否定，而是从积极的视角重新诠释 X。

- "问题不在于 X，而在于 Y。"然后，你表达你的观点，或者向客户提出问题。

在练习将消极意见转变为积极观点后，你需要在重建框架模式前面添加上同意框架。整个模式是这样的：

> 同意框架 + 而且 + 我想补充说明的是 + 重建框架模式（即问题不在于 X，而在于 Y，这意味着……）+ 提问

下面我以客户提出的关于价格的消极意见为例。你对这种消极意见可以给出如下回应：

感谢你诚实地给出意见。我想说的是，我同意你的观点，价格确实有些贵。而且，在倾听了你的表述之后，我想补充说明的是，问题似乎不在于价格。最重要的问题是质量，对吧？

如果你使用优质的产品，你可以获得的最明显的好处是什么呢？

■ 本章小结 ■

- 如果你用"但是""然而"等连接词将步骤 1 和步骤 2 区隔开来，同意框架就不能发挥作用。

- 你应该使用"而且"等恰当的连接词分隔步骤 1 和步骤 2 以及同意框架和重建框架，以保持谈话内容的前后连贯性，将谈话内容引向你的目标。

- 避免使用"我理解"，它不能发挥"我同意"的作用。

- 收听电视或广播中的脱口秀节目，熟悉同意框架这种语言模式。

- 在你遇到的每个人面前练习同意框架，观察他们的反应。

- 故意不同意其他人的观点，看看他们会做出什么不同的反应。

- 在你表示同意对方的看法时，要配合使用恰当的肢体语言，比如点三次头（不要过度使用这种技巧）。

- 遵循这种语言模式：**表示同意，同时点头 + 而且 + 衔接句 + 你想谈论的话题**。

第 4 章
语言运算：添加和删除潜意识里的想法，给他人创造积极情绪

你无法理解沉浸于消极情绪对你的生活造成了多大的影响，直到你从中走了出来。

——查尔斯·F. 格拉斯曼（Charles F. Glassman）

在本章中，我将指出大多数人是如何因为误用两个微不足道的词语，在不知不觉中将消极信息和感受传递给其他人的。本章的主要目标就是确保你在给出反馈和处理反对意见时能正确应用这些词语，并确保你能持续地给你的客户留下积极的感受和印象。

在别人的潜意识里植入建设性信息和关于你的积极形象，你就能保证他们会信任和支持你，享受与你的合作。这能进一步增强你的亲和力，消除你遇到的阻力，巩固你的地位。

本章的题目是"语言运算"，这是指对连接词"而且"和"但是"的运用。有时这两个词是可以互相交换的，尽管它们的含义是相反的。"但是"不仅会引发疑问，还能有效地否定出现在"但是"之前的内容。与之相反的是，"而且"一词表示对前面所述内容的支持和补充，将前后内容连贯统一起来。也就是说，"但是"能削弱前面的内容，相当于数学中的减法符号；"而且"能加强前面的内容，相当于数学中的加法符号。

很难相信这两个看似微不足道的词语拥有巨大的影响力。我们经常误用它们，使谈话内容显得不合逻辑。如果我们能恰当地使用它们，就能创造难以想象的力量。我们通常使用"而且"和"但是"做这两件事：

- 给出消极反馈或负面消息；
- 消除反对意见。

✍**金玉良言**

　　有些词语本身就带有说服和影响他人的属性。你应该学会找出并利用这些词语，悄悄地影响他人的潜意识。有时人们很难说清楚他们为什么愿意与你合作、购买你的产品或者对你感觉很舒适自在。你使用恰当的词语激发起了他们潜意识里的积极情绪反应，这是你与他们构建良好的合作关系的基础。

如何表达消极反馈或负面消息

　　在提供消极反馈、负面消息或者表达某种不受欢迎的看法时，你需要遵循的最重要的规则是在说出负面陈述之后紧接着使用"但是"一词，然后指出好的一面。

语言模式结构 1：

　　负面陈述 + 但是 + 正面陈述（坏消息 + 但是 + 好消息）

　　以这种方式给出消极反馈，你就能缓解前面的消极语气，并且用"但是"在无意之中否定了前面的内容。对方最后听到的内容是好消息，他们在意识层面会被好消息吸引，在潜意识层面会对你以及你提供的产品和服务产生积极情绪。

📖 经典案例

案例 1

一家广告公司的团队经理举办了一场头脑风暴，以求为客户所面对的特殊情况想出解决方案。一位客户经理给出了一些新颖的建议，团队经理给出的反馈如下。

反馈 1： 你的一些观点很好，值得尝试，但是客户很可能不会同意你的计划。

分　析： 团队经理违背了前面所述的关于说服技巧的规则，他／她首先给出了积极反馈，然后立即错误地使用"但是"否定了客户经理的建议。他／她给出的反馈等同于说："我喜欢你的观点，但不是真的喜欢。"

这位团队经理其实可以像下面这样给出反馈。

反馈 2： 我不确定客户是否会接受你的计划，但是你的观点听上去不错，值得尝试。

分　析： 这种表达方式准确地遵循了前面所述的语言模式结构 1。在这个例子中，"但是"一词恰好否定了前面的不确定性和负面信息，肯定了客户经理提出的建议，给他 / 她留下了积极的情绪体验，让他 / 她觉得自己得到了欣赏。

上述案例是团队经理熟悉的情况。如果团队经理能意识到语言的作用，就能选择正确的语言模式有效地营造良好的团队氛围；如果意识不到语言的作用，团队经理就会持续陷入困境，在不知不觉中给一起工作的人留下消极信息。

案例 2

一位猎头顾问不确定最终的候选人名单，他 / 她被叫去向客户做一场关于当前招聘工作进展的报告。他 / 她可能会这样给出回应。

反馈 1： 从简历来看，我们确定下来的候选人都看起来不错，但是我们还没有把握去确定最终人选。

分 析： 这位猎头顾问违背了前文所述的应该先给出消极反馈的规则。他 / 她首先表明通过简历筛选出来的候选人看起来不错，然后立即使用"但是"否定了这一点。最终留给客户的信息无疑只会加深客户的焦虑。

这位猎头顾问其实可以像下面这样给出反馈。

反馈 2： 我们还没有把握去确定最终人选，但是我们通过简历筛选出来的候选人看起来都不错。

分　析：猎头顾问立即使用"但是"一词在恰当的时候否定了前面所说的"没有把握去确定最终人选"。最终留给客户的信息让客户确信招聘工作正在进行中，合适的最终人选一定是存在的。"还没有"一词表面上是指一种静止的工作状态，但实际上却含蓄地指出了工作的动态。

对于反馈 2，客户相信他们指派的招聘工作正在进行中，而且更重要的是，他们会坚信他们选择的猎头顾问是非常优秀的，尽管反馈 1 和反馈 2 包含的信息是相同的。

如何加强这种语言模式

当我们需要更好地控制谈话内容，果断地将其引向我们的目标，讨论对我们而言重要的话题，进一步发展我们的事业时，我们可以通过简单地使用"而且"一词来加强这种语言模式。

语言模式结构 2：

负面陈述 + 但是 + 正面陈述 +

而且（坏消息 + 但是 + 好消息 + 而且）

在语言模式结构 1 后面加上"而且"一词，这能让你引入新的话题或看法，将谈话内容引向你想谈论的任何领域，从而更好地达到你的目标。回到我在前面举的例子。

广告公司的团队经理的反馈：

我不确定客户是否会接受你的计划，但是你的观点听上去不错，值得尝试。而且，我将让简加入我们的团队，因为她总是能提出鼓舞人心的看法，将给我们注入新鲜的血液。

猎头顾问的反馈：

我们还没有把握去确定最终人选，但是我们通过简历筛选出来的候选人看起来都不错。而且，你之前提到过你的商务总监正在考虑提前退休。为这一职位找个合适的候选人，你觉得如何？

蝎子般的赞美

你有多少次无意中听到别人说出蝎子般的赞美，或者被别人给予了蝎子般的赞美？下面是一些例子。

- 干得漂亮！你通过卓越的销售技能赢得了那份大单子。但你还是没有完成你的季度目标，这是你的耻辱。
- 你做得很好，完成了报告，但是很遗憾，你的文件中出现了拼写错误。

- 你的厨艺真好，谢谢你，但是你做的饭菜对我们来说太多了。

- 那是一份很优秀的建议书，但是其中仍然缺少我们需要的详细信息。

- 你展示在我们面前的性格特征给我们留下了深刻的印象，你是一位杰出的人才，但你不是我们需要的人。

- 你设计的网站具有很好的视觉效果，但是颜色与我们公司的风格不匹配。

所有这些赞美都以带刺的批评作为结尾，因此它们被称为"蝎子般的赞美"。

躬身实践

- 在接下来的三天里，用"而且"代替"但是"来赞美别人，并且注意你的赞美对别人所造成的影响。

- 积极倾听谈话的内容，指出别人有多少次先是真诚地赞美别人，然后却用"但是"一词否定了前面的赞美。

如何消除反对意见

你现在掌握的信息能够帮助你使用卓越的说服技巧将任何反

对意见都转变成肯定和支持"为什么客户应该选择你的产品或服务"的理由。你需要挑战自己，留意别人无意识地误用"但是"一词，改变自己的语言模式。现在，我将介绍一种语言技巧，确保你总是能正确地使用"但是"，对提出反对意见的人做出完美的回应。

转变反对意见的技巧

转变反对意见的技巧相当巧妙，而且你可以在与任何一位客户交流时都使用这种技巧。请记住，你的目标是协助客户转变他们的消极看法，向他们指出事情积极的一面，同时给出为什么他们应该同意你的充足理由。

语言模式结构

同意 + 重述反对意见 + 但是 + 确认客户诉求 + 因为 + 特定收益 + 附加疑问 + 解决方案

这是一种非常简单的技巧。那么接下来让我们仔细分析和阐述这种语言模式结构的各个元素的目的。

元素	阐述
同意	在客户针对你的陈述提出反对意见时，首先对客户的看法表示同意和尊重是一种很好的习惯，这能有效地消解客户的敌意，让他们产生安全感。他们不会对你的语言模式有所察觉，也不会意识到你将要改变他们的思维路径。你需要说出来的是"我同意""你是对的"，或者"我同意你的部分看法""你的看法有一定的道理"。总之，你要用你的风格对客户表示同意。
重述反对意见	准确地重述客户的反对意见，以表明你已经积极地倾听了他们的看法，并且尊重他们。
但是	通过使用"但是"一词在不知不觉中消除客户的反对意见。
确认客户诉求	客户可能喜欢你的产品的某些属性，你需要强调这些属性，抓住客户的需求。
因为	"因为"一词将前后内容衔接起来，顺利地将话题转向你在后面要提出的特定收益（你想要这个，或者你喜欢产品的这些属性，是因为……）。从孩童时期开始，我们就倾向于想当然地接受"因为"一词后面的内容。
附加疑问	附加疑问句又被称为反义疑问句，它的形式是像这样的：对吧？不是吗？好吗？在陈述句后面添加上这样的疑问，可以让对方做出更加确定这个陈述的反应。如果你在使用"对吧""好吗"时点几次头，就能让对方更加相信你所说的。但不要频繁点头，切记！

（续表）

元素	阐述
解决 方案	解决方案取决于你们的交流目的和语境。

接下来让我们评述一些使用转变反对意见技巧的案例。

📖 经典案例

案例 1

客　户： 我想要这款产品，但是它太贵了。

说服者： 我同意，它太贵了，但你还是想要这款产品，因为你明白它能让你的生活发生巨大的变化。你将能够……对吧？那么，让我们一起来商量解决方案吧。

案例 2

客　户： 看上去很有趣，但是我现在没有时间讨论这个。

说服者： 我明白，你很忙。你现在似乎没有时间，但是你说它看上去很有趣，因为它能帮助你……对吧？我会调整日程安排，希望以后能就此事继续与你交流。

你的客户可能会天真地以为"但是"一词出现后谈话就结束了。

但让他们惊讶的是，你巧妙地使用"但是"否定了他们的反对意见。接着，你使用"因为"一词给出明确的理由，告诉他们选择你的产品 / 服务会获得什么益处。然后，你进一步推进谈话，你的附加疑问能让他们更加确信他们将获得这些益处。

◼ 本章小结 ◼

- "但是"一词否定了前面所述的内容，听者会相信后面提到的最重要的内容。

- 在给出消极反馈或批评别人时，你应始终遵循这种语言模式：**坏消息 + 但是 + 好消息**。这会在潜意识层面给听者留下积极的情绪体验，对你而言这总是一件好事。

- 使用"而且"一词引入新的话题，或者引导客户的思路，从而达到你的目标。这种语言模式是：**坏消息 + 但是 + 好消息 + 而且**。

- 当遇到反对意见时，使用转变反对意见的技巧：**同意 + 重述反对意见 + 但是 + 确认客户诉求 + 因为 + 特定收益 + 附加疑问 + 解决方案**。

- 为了让对方确信你所说的内容，你可以使用附加疑问：对吧？不是吗？

- 使用附加疑问时稍微点两三次头，这种隐秘的肢体语言能让对方同意你的看法。

● 敏锐地倾听别人所说的话，提高警惕，当别人谈论不符合
你的目的的话题时你要及时阻止他们，而且你应该使用"但
是"一词将消极陈述转变成对你有利的陈述。

第5章
融洽关系：立即产生共鸣

如果你对其他人感兴趣，而不是让其他人对你感兴趣，那么你在两个月内完成的业务将比你两年内完成的还要多。

——戴尔·卡耐基（Dale Carnegie）

为了让你的语言模式有效地发挥作用，你必须和你的交流对象建立起融洽的关系。不管你多么熟练地掌握说服技巧并将其用于你的日常交流中，如果你对于对方来说不具备亲和力，那么你也很难有机会获得你想要的结果。

在本章中，我将阐述几种更具建设性的说服技巧，以帮助你与他人建立良好关系。你很有可能原本就知道如何与他人建立良好关系，因此我将介绍一些新奇的、只有少数说服高手才知晓的技巧。先让我们确定"融洽关系"的确切含义，因为我们只有在理解了融洽关系的含义之后，才能更好地识别和建立融洽关系。

融洽关系的定义

- 融洽关系是指一种亲密、平衡的人际关系，在这种关系中，人们或团队理解和关心彼此的感受、观点，并能很好地沟通。
- 在融洽关系中，你能真正地欣赏别人，并能自在地与他们交流。
- 融洽关系中充满理解、信任，人们能互相协商。

我觉得很少有人会不同意上述定义。如果你能理解建立融洽关系的必要因素，那么你就很容易理解我们可能需要一些时间才能创造出融洽的氛围。

建立融洽关系是一种技巧。当我第一次发现这种技巧时，我就在想它是否能帮助我更好地工作，并立即开始练习使用这种技巧。我选择了当地的一家超市，耐心地等待排队付款。我与那位年轻的女服务员搭讪，让她检查我的账单。结果很令我惊喜：她的表情从之前的忧郁、无聊转变成愉悦的笑容。我们像老朋友一样交谈，惹恼了后面排队结账的人。

融洽关系和肢体语言

融洽关系是人们在互动过程中无意识形成的。我们每天都会通过肢体语言向其他人表达我们的目的、感受和情绪，而且会在无意识层面接收其他人的目的、感受和情绪。为了建立融洽关系，我们必须主动采取措施，创造出能影响其他人潜意识的积极信息，减少他们的抵触心理。最终，这些信息会浮现在他们的意识层面，影响他们的想法、行为、信念、情绪，让他们接受我们的看法。

发展融洽关系是为了：

- 确保你的客户在与你交流时感到轻松自在；
- 为成功地使用说服式语言模式奠定基础；
- 让你获得其他人的喜爱；
- 确保你能主导商务谈话的内容；

- 达到你的目的；

- 消除对方的抵触心理，增强他们对你的看法的响应性。

基于内容的融洽关系

本章介绍两种融洽关系，我首先提及基于内容的融洽关系。你需要找到对方感兴趣的话题，打破交流的僵局，从而建立这种融洽关系。

在 20 世纪 80 年代早期，我是一位有志向的猎头顾问，为我的客户公司寻找合适的潜在候选人。我总是急切地想要发展我的事业，警觉地在全国的新闻报刊上查看招聘信息。有一次，我看到了伦敦最有威望的猎头公司发布的一条招聘广告，它正在招聘资深猎头顾问。我向它发送了我的个人简历。不久之后，我被邀请参加面试，与这家公司电信部门的总经理见面。

面试是有挑战性的。我坐在不舒服的椅子上，几乎要贴近地面了。那位总经理魅力非凡，信心十足，说着一些能表现其领导才能、在我看来很奇怪的话。我缺乏自信，紧张地看着他，想要逃离。我有些绝望地环视他的办公室，发现了一个摩托车头盔，于是开始与他谈论起这个头盔。之后我感觉好多了。

从那一刻起，我们的谈话氛围有所转变。他很热情地谈论他的兴趣，我感觉不再那么紧张了。遗憾的是，我没有进入第二轮面试。这是一个关于基于内容的融洽关系的例子。

建立基于内容的融洽关系的方法是发现对方的兴趣点，从对方所在环境（比如办公室）吸收尽可能多的关于他们的信息，让他们自由地谈论他们喜欢的话题。你必须认真倾听，表现出你的真诚和兴趣。如果你做到了这一点，一种融洽关系就形成了。然后，你可以向对方分享你的相似经历。人们愿意与喜欢他们的人交流和合作。

为什么要建立基于内容的融洽关系呢？原因很简单。我们大多数人都觉得自己很不错，而且觉得自己在别人眼中也很不错，因此很难接受别人破坏我们良好的自我感觉。我们通常会与那些对我们感兴趣的人交谈甚欢，而且合作愉快。

如果对方不在他自己的环境中（比如他在别人的办公室里），或者你发觉对方很注重隐私，不喜欢谈论爱好、家庭等话题，那么发展基于过程的融洽关系可能是更有用的选择。

基于过程的融洽关系

如果你感觉你的客户寡言少语，不太愿意谈论私人问题，或者他们的办公室里几乎没有个人物品，那么最好的方式是与他们谈论工作环境。你与他们可能有相似的职场经历，位于同一个城区，或者你们有相似的公司文化。

适用于基于内容的融洽关系也适用于基于过程的融洽关系。不论什么时候你都必须认真地倾听对方，表现出你的真诚和兴趣。如果你们恰好有相似的经历和体验，你们的关系就会进一步加强。

网站上有大量关于"如何发展融洽关系"的信息，它们会出现在大多数销售培训的课程上。

建立融洽关系的其他技巧如下：

- 适当模仿对方的肢体语言；
- 复制你的客户的说话方式；
- 让自己的呼吸节奏与客户保持一致；
- 让自己的说话速度与客户保持一致；
- 重复客户所说的话，并表示赞同。

这些都是很好的技巧，但是你需要在交流时保持放松，知道何时及如何使用它们。请记住这些技巧，不断练习，从而增强你的说服力，以更好地推销你的产品或服务。在练习过程中你可能会遭遇失败，但不要放弃。很多人都会放弃练习使用这些技巧，这并不令我感到意外，因为这些技巧可能会让人分心和精疲力竭，无法轻松自如地向他人传达有用的信息。

若想成为卓越的说服者，你需要学会使用一些不易察觉、效果显著的技巧，积极地影响对方的潜意识，快速地建立起融洽关系。

··

✍ 金玉良言

快速建立融洽关系是一种非常强大的工具，你一定要学会有效地使用它。

··

如何快速发展融洽关系

首先，我要说明的是我已经运用这种方法很多年了，而且我会定期指导我的团队。不管你的业务是什么，这种技巧都能产生效果。它包括四个简单的步骤，需要你做一些"心理体操"。它是帮助你与你遇到的任何人在初次见面时快速建立融洽关系的最好方法。

步骤 1： 你认同大多数人都喜欢生动的可视化形象，对吗？请你想象一下，你正走进一个房间并与一位朋友打招呼的场景。我所说的朋友不是指非常亲密的朋友，而是指你熟悉的同学，或者经常与你闲聊的店铺老板，或者让你感觉轻松自在的老客户。你会怎么跟这位朋友打招呼呢？请你描述一下你们偶遇的场景。你会以充满生气的声音和肢体语言与对方打招呼。

步骤 2： 注意别人对你的肢体语言所做出的反应。在你初次遇到某人时，你如何站立、如何行走都会给对方留下印象。你可以询问那些已经与你建立起融洽关系的人是如何看待你的肢体语言的。最首要的问题是，你需要通过恰当的肢体语言表现出你的轻松和自信，营造友好、热诚和包容的交流氛围，展示你的风度。

步骤 3： 请继续想象你与朋友相遇的场景。随着你们的交流，你的感受和情绪都将浮现出来。你可能会感到平静、自在、快乐、自信和放松。理解、控制和正确地表达你的情绪体验。

步骤4： 将你在交流过程中体验到的所有情绪和自我形象组合到一起。当你的某种情绪达到峰值时，你可以同时将你的大拇指和食指挤压到一起，将这种身体行为与你的情绪体验联系起来。这有助于你更好地察觉自己的情绪。

这就是四个步骤！

下一次与新客户会谈前，你可以花几分钟时间回顾上述步骤。如果你感到非常紧张，就将大拇指和食指挤压到一起，设想一下自己在新客户面前可能会展现出什么样的自我形象以及会产生什么感受。做好准备工作后，你就可以去见新客户了。

当你掌握了如何在初次见面时与对方打交道的技巧时，你其实是在向对方的潜意识传输信息。他们会对这样的信息不加选择，本能地做出反应。从一开始你就控制了接下来的对话。

🏃 躬身实践

如果你主动示好，与对方建立融洽关系，那么你就会看到他们开始更积极地对你做出回应。磨炼这种技巧，你就会变得极其强大。

我总是记得当我决定使用快速建立融洽关系技巧时的特殊场

景：在我快 30 岁时，我初次遇见一家全球数据通信公司的董事长。我们是在他的私人俱乐部见面的，当时周围没有其他人。在见面之前，我练习了快速建立融洽关系的技巧。时至今日，当我回忆起这件事，还是会觉得这是最让我满意、带给我最大经济回报的事情。我们像老朋友一样谈论手上的项目，非常愉快。

躬身实践

尝试与你遇到的任何一个人都快速建立融洽关系，包括快递员、超市服务员、小区保安、商店老板、汽车清洁工等。随着你的信心的增加，你可以将快速建立融洽关系的技巧介绍给你的客户。

本章小结

与初次相遇的人主动建立深度的融洽关系的秘诀在于提前练习，做"心理体操"，想象你们相遇的情境。就是这样简单！向你新认识的人打招呼，就像你与他们是家人或者亲密朋友一样。这样你就能将你的温暖、自信、包容自然而然地传输进他们的潜意识中，而且他们会给予你同样的回报。

第 6 章
因果逻辑：加强你的说服力

　　影响力是我们让其他人通过我们的视角看问题的内在能力。

——脱口秀明星黄西（Joseph Wong）

在本章中，你会发现通过谨慎、有策略地使用"因为"一词，你将大大提高你的影响力和说服力。你与客户的对话会变得非常流畅自然，他们会对你的建议做出更多回应。

从孩童时代起，"因为"一词就在我们的脑海中根深蒂固。我们会问下面这些问题。

- 为什么我现在必须上床？
- 为什么我要吃这个？

我们得到的答案通常都是"因为我说了算"和"因为这对你有好处"。如果你有孩子，你对孩子的回答很可能是相似的。请你注意，这些回答都是以"因为"一词开头的。

在我们的童年时代，我们的父母习以为常地教导我们相信和接受"因为"一词后面的内容。只要我们提出"为什么"的问题，他们就会用"因为"一词来给出看似合适、值得信任的解释。当然，我们小时候不会觉得父母的教育方式有什么问题。为了成为杰出的说服者，你需要意识到这种现象，利用"因为"一词增强你的优势。

哈佛大学的心理学教授艾伦·兰登（Ellen Langdon）进行了一项震惊全世界的关于说服的科学实验。这个实验包括三个阶段，参与实验的学生站成一排，站在复印机前。下面是这项实验的三个阶段。

- **阶段 1：** 一位学生走到队列的最前面，对正要复印文件的学生说："打扰一下，我能排在你的前面吗？"他没有给出理由。在这种情况下，将近 60% 的学生会挪开脚步，允许他插队。

- **阶段 2：** 一位学生走到队列的最前面，说："打扰一下，我能排在你的前面吗？因为我有急事。"在这种情况，令人惊讶的事情发生了，94% 的学生都会允许他插队。"我有急事"只不过是一个很简单的理由，却足够说服其他人接受这位学生的请求。

- **阶段 3：** 在实验的最后阶段，一位学生走到队列的最前面，说："打扰一下，我能排在你的前面吗？因为我需要复印。"这个理由根本不算理由，不具有任何说服力，因为排队的学生都需要复印。但令人惊讶的是，阶段 3 中的服从率是 93%，与阶段 2 几乎相同。这就是"因为"的巨大作用。

总结：

阶段	因果逻辑	理由	服从率
阶段 1	没有使用	没有给出理由	60%
阶段 2	使用"因为"一词	给了理由	94%
阶段 3	使用"因为"一词	没有给出理由	93%

所以，在关于说服的领域中，"因为"一词有着不可撼动的重要地位。

我们在童年时期对"因为"一词形成的条件反射在我们成年时期仍然保留了下来，与我们现在的行为密切相关。请你记住，客户和你一样在小时候都被父母塑造出了相同的因果逻辑，所以你可以对客户使用"因为"一词来影响他们。

从本质上讲，因为父母的早期灌输，我们不会对"因为"一词产生明显的抵触心理，而是会相信"因为"后面的内容，毫不犹豫地听从对方。

金玉良言

请你记住，我们在孩童时期都形成了对"因为"一词的相同的反应模式，然而大多数人都没有意识到这一点。为了成为杰出的说服者，你应该有目的地利用"因为"一词对其他人的影响，首先你应该在朋友和同事身上练习使用这种技巧，然后循序渐进，最后在重要的商务合作中使用。

为什么要使用"因为"回答问题

- 因为我们知道"因为"一词后面的内容更容易被欣然接受。
- 因为我们可以通过"因为"一词提供更多的信息，回答客户没有直接提出的一些问题。这些信息能对客户产生积极的影响。

● 因为我们可以使用"因为"一词创造植入建议的绝佳机会，将谈话内容引向我们的目标。

在接下来的例子中，每个问题都被回答了两次。第一种回答是大多数人都会给出的经典回答。第二种回答则融入了"因果逻辑"，所以更具说服力。而且，回答者在第二种回答中植入了建议，让自己更好地掌握了谈话的控制权。

客　户：你的理财产品 / 服务能提供给我们 XYZ 不能提供的哪些优势？

回答 1：我知道 XYZ，他们的业务做得非常好。我们的理财产品更具灵活性，而且能帮助你更有效地管控成本。

回答 2：我知道 XYZ，他们将业务做得非常好。与他们以及其他同行相比，我们有更多的研发预算，因为我们是这个行业的市场领导者。6 个月前，我们的一款理财产品上市，获得了一致好评。这款产品更具灵活性，而且能帮助你更有效地降低成本。

分　析：第二种回答不仅有效地解决了客户的疑问，而且强调了自己作为市场领导者的地位。

客　户：你们公司在这个行业中经历了什么？

回答 1：在过去 10 年里，我们和许多名列前茅的 IT 企业合作过，并且一直保持着良好的业绩纪录。

回答 2： 因为我一直身处 IT 业，所以我特别清楚公司会面临的各种突发问题。我们公司 10 年来在科技行业一直保持着良好的业绩纪录。

分　析： 第二种问题让客户了解到这家公司是公认的解决 IT 问题的专家。

客　户： 这次投资会产生你提出来的收益吗？

回答 1： 会的，绝对会。让我们回顾历史数据并预测一下未来的走势。

回答 2： 会的，因为大多数人相信我们，将他们的积蓄和养老金交给了我们。让我们回顾历史数据并预测一下未来的走势。

分　析： 第二种回答表明了"大多数人相信我们"。这条信息非常重要，能让客户更加信任我们。

🏃 躬身实践

观察其他人在多大程度上会接受"因为"一词后面的内容。

✍ 金玉良言

因为"因为"一词具有强大的说服力，所以在用得着的地方你一定要用它。它将提高你的影响力，帮助你轻松地主导谈话内容。

◾ **本章小结** ◾

- 我们的潜意识相信"因为"一词后面的内容都是正确的，因为事实如此！

- 在你向别人提出要求后使用"因为"一词，你将发现他们的服从率提高了。

- 使用"因为"一词能立即加强你的影响力。

- 回答问题时，你应该更加频繁地使用"因为"。

- 列出一些你可能会遇到的经典问题，写下并记住你的答案，以这种方式来练习使用"因为"一词。

- 为了建立自信，你应该在没有压力的环境下（比如与你的家人、朋友交流时）使用"因果逻辑"。

- 对于任何一个以"为什么"开头的问题，你都可以用"因为"来回答。

第 7 章
意识模式：让别人无条件地接受你说的一切

改变的第一步是意识，第二步是接受。

——美国心理学家纳撒尼尔·布兰登

（Nathaniel Branden）

在本章中，我将引入一些句子来帮助你增强对客户的影响力，确保他们按照你希望的方式去思考，得出你想要他们得出的结论。你将发现这种方法能让你做到以下几点。

- 避开对方的抵触心理。
- 增加对方的响应性。
- 植入你的观点和建议。
- 毫不费力地传达强大的预设前提和假设。

意识：意识是什么？它到底意味着什么？它是指你已经知道的所有事情吗？当销售精英推销产品或服务时，不管是面对面、通过电子邮件还是使用广告册，他们都会习惯性地向潜在购买者强调他们的产品或服务的独特卖点，对吧？

以销售家居用品为例。想要购买一套平底锅的顾客可能会说："为什么我应该买这些平底锅？它们和其他产品有什么不同？"售货员可能会给出下面的回答。

- 它们有一层特殊涂料，属于制造商的专利。这种涂料能确保食物不会粘在锅上。

- 这些平底锅制作精良，与同等价格的其他同类产品相比，它们的使用寿命更长。
- 它们是德国制造的，质量绝对有保障。
- 它们的色彩搭配很吸引人。

现在，这位潜在顾客充分掌握了这款产品的信息，可以做出购买决定了。下面我们以一家正要将其专业服务推销给一位自主经营的当地生意人的会计师事务所为例。会计师可能会说出下面这些话。

- 我们将为你承担所有与税务部门打交道的工作，只需要你将购买和销售凭证给我们。
- 如果你有疑惑，请打电话给我们。我们会立即派一位客户经理去你的办公室。
- 我们的公司结构让我们能够提供比其他事务所更快的会计服务。
- 我们的主要客户都是个体经营商，我们理解你的需求。
- 我们在你所处的行业有一个专业团队。

在听了会计师的讲述后，这位个体经营商掌握了所有他想了解的情况，接下来他就可以决定是与这家事务所合作还是继续探索市场上的其他可能了。

请你思考这两个例子，你可能已经注意到案例中的推销方法与你自己的推销方法是相似的。你会发现，客户最终接受了推销员列出的独特卖点。大多数销售精英都意识到了提炼卖点的重要性，都会向客户提供恰当的信息，促使客户做出购买决定。

这种方法是"硬销售"吗？推销者向客户强行指出他们将获得的益处，既没有试图去规避他们的抵触心理及增强他们的响应性，也没有试图去引起他们的兴趣或者打情感牌。强行提炼卖点和抓住客户的兴趣点，哪个是更好地开启一场对话的方式？我想随着你继续阅读本书，你的疑惑会越来越少，你会越来越清楚如何达到推销目标，哪些方法对你而言是有用的。这种"硬销售"的表达方式直接向客户指出了你的产品或服务的优势，没有顾及客户的心理感受。我希望你能保持求知欲，掌握关于你的产品和服务的一切信息，站在客户的角度用恰当的方式传达这些信息，以此增强你的说服力。

我在本章的目的不是鼓励你抛弃前面几章提到的销售技巧，而是建议你要加强这些技巧，融会贯通。如果你能更好地意识到你使用的特定词句对其他人造成的影响，你就能让它们完美地融入到你的销售风格和工作方式中。

意识模式是什么

当我说"意识模式"时，我是指一系列提醒你注意、察觉、思考的词语，而且你通常会相信这些词语后面的内容在预设前提下都是真的。

当你使用这些词语来描述任何产品或服务能带给客户的益处时，唯一的开放式问题就是你的客户是否意识到了这些益处。

请你思考下面的案例。

📖 经典案例

案例 1

推销员： 这些平底锅上的特殊涂层能保证没有什么东西可以粘在锅上。

分　析： 客户会怀疑这种涂层的有效性，可能会说"我不是很确定"或者"真的吗"。

案例 2

推销员： 在使用这些平底锅时，你将注意到表面的独特涂层能阻止任何东西粘在锅上。

分　析： 与前一个案例相比，问题不再是"涂层是否能真正发挥作用"了，而是"客户是否注意到了涂层的作用"。这种表述消除了客户的抵触心理，增强了他们的响应性。他们会相信"注意到"一词后面的内容是真实的，作出表示认同的反应。在这个案例中，"注意到"就是一种意识模式词。

案例 3

推销员： 我们在这个行业拥有一个专业团队。

分　析： 客户可能会想"是吗"或"真的吗"，怀疑他们的专业性。

案例 4

推销员： 你是否了解我们在这个行业拥有一个专业团队？

分　析： 客户首先会质疑的不是这个专业团队是否存在，而是自己是否意识到了这个专业团队的存在。"了解"一词后面的内容是推销员提出的独特卖点，不会引起客户的丝毫怀疑。这种表述方式能降低客户的抵触心理，增强他们的响应性。在这个案例中，"意识到"就是一种意识模式词。

我想知道你是否注意到了本书前面内容中的意识模式。不要紧张，下面我将从前文中挑选出一段内容，用斜体字标示出意识模式词。

请你思考这两个例子，你可能已经*注意到*案例中的推销方法与你自己的推销方法是相似的。你会*发现*，客户最终接受了推销员列出的独特卖点。大多数销售精英都*意识到了*提炼卖点的重要性，都会向客户提供恰当的信息，促使客户做出购买决定。

在你第一次读到上面这段内容时，你有可能已经注意到了我故意使用"注意到""意识到"等词语来让你接受我的观点。你能回忆起你最初读这段内容时的感受吗？你有怀疑过我在这段内容中表达的观点吗？

意识模式词包括：

- 注意到；

- 发现；

- 意识到；

- 体会到；

- 领悟到；

- 察觉到。

✍金玉良言

- 大多数人都会无意识地使用意识模式词。为了成为杰出的说服者，你应该在必要的时候有目的地选择合适的词语来加强对方的意识，让他们同意某种对你而言非常重要的观点。

- 积极使用意识模式词来描述你的产品和服务。很少有客户会表明他们没有注意到、意识到或者体会到你所说的。

为了加强意识模式词的作用，请你思考下面这些问题。

- 你是否意识到大多数人通常会假设"注意到""意识到""发现"等词语后面的内容是正确的并很少提出疑问？看到了吧！在这个句子中，你会相信"意识到"后面的陈述是正确的，对吧（你在重新读这句话吗）？

- 你是否注意到包含"注意到""意识到""发现"等词语的

问题通常都能得到肯定的回答？你是否意识到这种问题的重要性？

- 你是否意识到人们会毫不犹豫地将"注意到""意识到""发现"等词语后面的内容视为事实？对吗？我意识到你会意识到这是对的。是吧？

- 你可能已经发现你每天都会在不知不觉中使用意识模式词将你的销售业绩最大化，是吧？

➡ **练习**|

下面是一些包含意识模式词的问题。记住你要推销的产品/服务，向客户传达你希望他们毫无疑问地接受的信息，完成下面的问题。在下一次推销过程中使用它们。

- 你是否注意到……
- 你是否意识到……
- 你是否已经发现……
- 你是否已经察觉到……

在你使用这些问题并检查它们的作用时，你会发现它们与其他被频繁解释的问题不同，因为它们是封闭式问题。记住，我们提出这样的问题不是为了寻找答案，我们的主要目的是植入我们的观点和建议，让客户相信我们提出的预设前提是正确的。

随着你逐渐意识到意识模式词的影响力，你将越来越喜欢在恰当的时候使用它们。我希望你会注意到向你的客户植入你的建议将变得越来越容易。一旦你掌握了使用意识模式词的技巧，你将很快意识到你不再需要向客户强行灌输你的产品或服务的优势了。

🏃 躬身实践

请你花几分钟重新阅读前一段内容，找出其中的意识模式词和预设前提。这段内容中包括我希望你在没有任何反对理由的情况下就接受的观念。这是使用意识模式词来获得赞同的例子。如果你还没有发现其中的意识模式词和预设前提，请阅读下面的分析。

- "随着你逐渐意识到"这个短语将你的注意力放在第一个预设上，我希望你接受和赞同意识模式词具有强大的说服作用。

- "我希望你会注意到"这个短语非常礼貌地将你的思维引向了第二个预设前提，我希望你赞同使用意识模式词向客户植入你的建议是非常容易的。

- "你将很快意识到"这个短语引导了你的思维，让你相信你不再需要向客户强行灌输你的产品或服务的优势了。

你将注意到跟随在意识模式词后面的内容是我希望你能赞同和相信的。即使你没有意识到或者注意到任何事物，你也听到了我的观点，这样一来，我的任务就完成了。

现在，你会发现意识模式词能非常有效地帮助你引导客户

的思维，让他们接受你想要他们接受的观点。请继续使用意识
模式词！

■ 本章小结 ■

- 意识模式词包括注意到、意识到、发现、体会到、察觉到等。

- 你在意识模式词后面说的任何内容都会被对方假设为正确
  的。

- 大多数人不会怀疑意识模式词后面的内容，因为他们相信
  他们应该"注意到""意识到""发现""体会到"后面的内容，
  不管这些内容是什么。

- 意识模式词让你的客户关注自己是否"注意到"你所说的
  内容，而不是关注后面的内容是真是假。

- 使用意识模式词植入你的观点和建议，避开对方的抵触心
  理，增强对方的响应性，让对方接受你的预设前提。

- 即使人们认为他们没有"注意到"你所说的内容，他们也
  有可能不会说出来。这无关紧要，因为你已经将你的看法
  成功地植入他们的内心中了。

第 8 章
铺路石与领头羊式语言：
快速避开批评和获得认同

影响力是指南针，说服力是地图。

——黄西

什么是铺路石和领头羊

　　铺路石和领头羊式语言是一种简单却很强大的语言模式，能帮助你快速获得别人对你的建议和观点的认同，避免别人的批评，提高你的影响力。这种卓越的说服技巧能引发客户的积极反应，降低客户的抵触心理。令人惊奇的是，这种技巧不会被听者察觉到，不太需要说者提前做好准备，因此是一种极好的增加销售业绩的策略。

　　我们对别人使用这种技巧时要遵循的流程是先后说出四种陈述句。前三种陈述句被称为铺路石式陈述，旨在让对方毫不犹豫地接受我们的看法，不做出任何评论。第四种陈述句是领头羊式陈述，是指我们希望对方无条件接受的建议。

　　随着你继续阅读和学习这种技巧，你将发现为什么铺路石和领头羊式语言具有强大的说服力。当你思考这个问题时，你会明白这种语言模式的力量是普遍存在的，是无可避免的。掌握了这种新的技巧，你就应该能在任何情境下说服任何人。对你来说这是一件好事，对吧？

　　当你学会了这种强大的技巧，很少有人能避免被你说服。你能很自然地说服更多客户，赢得更多商业机会，这会超过你的想象。

在阐述这种语言模式的结构之前，我会清楚地解释"铺路石"和"领头羊"这两个术语的含义。

铺路石式陈述

在使用铺路石式陈述时，你的谈话内容必须集中在明显正确的、经得起推敲的、你们双方都赞同的情境或话题上。我将此称为"不证自明之理"。当你陈述这些内容时，听者可能会想"是啊，就是这样的""太有道理了"。如果你很熟悉如何接连让对方点头称是，那么我很确定你会同意这是一种很复杂而巧妙的方法。

听者不需要大声回应你的陈述，只需要对你的陈述做出肢体语言上的确认。下面这些例子都是"不证自明之理"，它们明显是正确的。

- 你阅读过本章的前四段。
- 你正在学习铺路石和领头羊式语言。
- 你正在阅读这些"不证自明之理"。

我们使用"不证自明之理"是因为它们能帮助我们达到这些目的。

- 提高对方的接受性。
- 通过让对方接连点头称是，营造了融洽氛围，消除了抵触心理，增强了回应性。

- 引导谈话内容走向我们想要的结果。
- 潜移默化地让对方接受我们将要提出的建议。

"不证自明之理"是引发共鸣、增强回应性的基础。你越是能让对方回应你的陈述（请你记住，对方往往意识不到这种情况正在发生），你在之后提出的建议就越有可能被毫不犹豫地接受。

领头羊式陈述

通过逐步陈述"不证自明之理"来增强对方的回应性后，我们接下来要使用领头羊式陈述。这是指我们希望客户接受的建议或者关于我们的公司、产品、服务的看法。

关于哪些词句能有效地确保客户会接受你的建议，有两种说法：一种说法是人们通常乐意接受使用"应该""可能""能够"等词符合实际情况的建议；另一种说法是人们更喜欢接受使用"将要发生""一定会""必须""将能"等词的建议。

📖 经典案例

领头羊式陈述：因为你学会了一种新的技能，你应该能在任何情境下说服任何人。或者，因为你学会了一种新的技能，你将能够在任何情境下说服任何人。

✍ **金玉良言**

　　当你开始遵循下面描述的格式所创造的铺路石和领头羊式语言时，你可以尝试将"可能"与"确实"相互替换。仔细观察你使用不同词语时的结果，总结规律，使用最恰当的词语达到你的目的。

铺路石和领头羊式语言模式的结构

　　令人惊讶的是，铺路石和领头羊式语言模式的结构非常直接。我建议你准备好三种铺路石式陈述和一种领头羊式陈述。

　　铺路石式陈述 1：随着你继续阅读……

　　铺路石式陈述 2：……和学习这种技巧……

　　铺路石式陈述 3：你将发现为什么……

　　领头羊式陈述 1：……铺路石和领头羊式语言具有强大的说服力。

　　分　析：你一定会同意前面的三个陈述，它们的目的是将谈话内容引向我希望你接受的观点，即铺路石和领头羊式语言具有强大的说服力。

✍ **金玉良言**

　　● 在做销售介绍前，提前准备好并记住你的铺路石式陈述和领头羊式陈述。

● 重复使用这种语言模式，提高你成功的概率。

评论下面的关于铺路石式陈述和领头羊式陈述的例子。

铺路石式陈述 1： 当你思考这个问题时，你会明白这种语言模式的力量是普遍存在的。

铺路石式陈述 2： 它的力量是毋庸置疑的。

领头羊式陈述 1： 因为你学会了一种新的技能，你应该能在任何情境下说服任何人。

获得认同： 对你来说这是一件好事，对吧？

分　析： 我使用了两个铺路石式陈述，然后快速引出一个更加具有说服力的领头羊式陈述，强调这种说服技巧能帮助你在大多数情境下说服大多数人。为了让你更能认同领头羊式陈述，我提出了一个问题。这种问题被称为"附加疑问"，包括"是吗""好吗""不是吗"等形式。

✍金玉良言

为了进一步促进你的客户认同你所说的，你在提出附加疑问时要稍微点三次头。点头像打哈欠一样是可以传染的。你可以试一试。

重复练习这种语言模式，这对你至关重要。最终，你可以只使用一个铺路石式陈述。

铺路石式陈述1： 当你学会了这种强大的技巧……

领头羊式陈述1： 很少有人能避免被你说服。

领头羊式陈述2： 你能很自然地说服更多客户，赢得更多商业机会……

结束句： ……这会超过你的想象。

分　析： 我只使用了一个铺路石式陈述，然后直接引出两个领头羊式陈述，表达了我希望你能接受的两种重要观点。最后的结束句调动你的思考空间，让你认同掌握这种技巧将帮助你获得很大的好处。

我评述了三种铺路石和领头羊式语言模式，下面是我做出的总结。

阶段1	阶段2	阶段3
铺路石式陈述	铺路石式陈述	铺路石式陈述
铺路石式陈述	铺路石式陈述	领头羊式陈述
铺路石式陈述	领头羊式陈述	领头羊式陈述
领头羊式陈述	获得认同	结束句

✍金玉良言

为了练习铺路石和领头羊式语言和创造你自己的沟通策略，首先写下你在一场谈话中想要达到的目标。然后，你准备好三个陈述句，将你希望客户接受的关于你的公司、产品、服务的事实和观点融入其中，遵循下面的语言模式。请记住，事实是铺路石式陈述，观点和建议是领头羊式陈述。

- 指出三个事实，提出一个建议。
- 指出两个事实，提出一个建议。
- 指出一个事实，提出两个建议。
- 结束你的话。

练习大声说出你想表达的事实和建议。你练习得越多，你就越能流畅自如地表达。

◼ 本章小结 ◼

- 铺路石和领头羊式语言模式必须以明显正确的事实（"不证自明之理"）开始，然后过渡到建议和观点，最后你可以有选择性地提出问题。
- 明确你想要的结果，将其牢记于心。
- 提前准备你的铺路石式陈述和领头羊式陈述，列出你想陈述的事实、你的客户通过购买你的产品 / 服务能获得的益处。
- 创造一系列"不证自明之理"。"非常感谢邀请我来到这里"和"今天我将介绍 / 谈论 XYZ"等句子简单易记，能帮助你开启一场谈话。

- 领头羊式陈述描述的是你希望客户接受的关于你的产品、服务、公司的观点。你可以使用陈述句，也可以使用问句。

- 在谈话之前准备好两套领头羊式陈述，一种使用"确实""必须""将会"等词，另一种使用"可能""能够"等词。根据具体情况使用能产生最大效果的词。

- 增强你的自信，在没有压力的环境下练习大声说出铺路石式陈述和领头羊式陈述。

- 循序渐进，不断练习，从本章提到的阶段 1 进入阶段 3。一旦你觉得将这种语言模式运用于日常交流中是非常简单的，你就会注意到大多数人都会轻易接受你陈述的事实和观点，你会变得越来越自信。

- 用简单的词句陈述事实和你的观点。

- 所谓"不证自明之理"，就是双方都同意的无可辩驳的事实。

- 在使用铺路石式陈述时，观察对方是否点头。点头表明对方同意你的陈述。

- 铺路石和领头羊式语言以书面语言出现时能发挥极大的作用。请你将其融入你的电子邮件、产品介绍等文本中。

一旦你掌握了铺路石和领头羊式语言，你将发现你能很容易地影响大多数人，达到你想要的结果。请不断练习并享受这种强大的说服技巧。

第 9 章
理解—同感—引用:
奇迹般地消除异议

成功的秘诀在于对人性的洞察和得体的人际交往技巧。

——美国诗人和小说家约西亚·吉尔伯特·霍兰德
（Josiah Gilbert Holland）

在本章中，我将介绍一种隐秘的语言模式来战胜反对意见，这种模式被称为"理解—同感—引用"。这种语言技巧很有用，能起到"春风化雨、润物无声"的作用，在客户表现出消极情绪时尤其有效。本章包括以下内容。

- 解释这种语言模式的结构，描述如何在沟通过程中天衣无缝地使用它。
- 分析这种语言模式为什么有效。
- 讲解如何更有效地使用它。

语言模式的结构

这种技巧包括三个步骤，正如其名所示，这三个步骤分别是"理解""同感"和"引用"。一旦你听到反对意见或者你的客户表达了一种不利于你达到目标的观点时，你就可以开始按照这三个步骤先后说出下面这样的话了。

- 理解：我理解你对……的感受。
- 同感：大多数人都有和你类似的感受。

● 引用：那些购买过 / 使用过这种产品的客户都觉得……

我会依次详细描述每个步骤，下面让我们来了解它们。

步骤 1： 我理解你对……的感受。这种说法表明你理解和尊重客户，你能站在客户的角度去体验和思考。通过这种方式你将与客户建立情绪联结，这将帮助你减少来自客户的批评，增加他们与你协商的可能。在表明你理解客户的感受和立场时，真诚是必不可少的。如果你虚情假意，必然会弄巧成拙。

步骤 2： 你要坦诚地表明大多数人都有相同的感受。你要明白"遭遇痛苦的人寻求的是陪伴"。相似的遭遇能缓解负面情绪，减少抱怨。当然，我不是指你的客户悲观痛苦，喜欢抱怨。我想强调的是，当你对尚未做出购买决定的客户说"其他客户都有和你类似的感受"时，他们会觉得更加放心和自信，同时了解到那些购买过同样产品或服务的客户也有着同样的感受。

步骤 3： 通过此步骤你能更好地消除客户的抵触心理，提高他们的放心程度。你可以说："那些购买过 / 使用过XYZ 的客户都觉得他们获得的收益远远超出了他们最初的期待。"这种表述能将客户的关注引向其他客户对产品 / 服务的评价和发现，能让他们对 XYZ 充满信心，促进他们做出购买决定。

✍ **金玉良言**

你一定要记住，这种语言技巧的成功依赖于你的真诚以及你与客户的情绪联结。你必须让客户觉得你是可靠的，你真的理解他们的处境。

📖 **经典案例**

一位销售专家正在向一位沉默寡言的客户推销会计软件。

客　户：你所说的表面上听起来很不错，但是你们的会计软件比我现在用的软件复杂得多。

说服者：我理解你的感受和想法。说实话，不是只有你有这种想法。在我们与很多从事金融和财务工作的客户打交道的过程中，他们的感受与你很相似。但关键在于这款软件集合了多种功能，我们的客户在使用了它后都觉得它大大提高了工作效率！

在这个案例中，客户的评价是这款产品太复杂了，说服者用"理解—同感—引用模式"给出了完美的回应，重新掌控了谈话方向，强调了这款产品能带给客户的收益。

躬身实践

在你练习这种技巧时，一定要表达清楚和倾听自己，还要使用能表现你对客户感同身受的声调。你不能用清脆、短促的声音对客户说："我能理解你的这种感受。"这种声音会立即引起客户的抵触与反驳："不，你不理解我。"这样一来，你就无法获得理解—同感—引用模式应有的效果。

本章小结

- 使用理解—同感—引用模式解决反对意见，打开客户的心扉。

- 这种模式能否发挥作用取决于你是否真的对客户感同身受。

- 使用这种模式能加强融洽关系，因为客户觉得你理解他们。

- 在使用这种技巧时，你一定要真诚。如果你假装理解客户，你一定会失败。

- 这种技巧是客户难以察觉的，而且能轻易地融入你的交流过程中。

第 10 章
内在表征：悄悄引导他人的思维方式

　　想象力是创造力的开始。你想象你得到什么，你就会努力去追求什么，最后你就会创造出你想要的东西。

　　　　　　　　　　　——爱尔兰作家萧伯纳（George Bernard Shaw）

什么是内在表征

内在表征是我用来描述我们对外部世界的内在呈现和象征意义的术语。

如何使用内在表征说服他人

对于说服他人同意我们的观点，或者让他人按照我们希望的方式去思考，一种特别有效的方法是带领他们走上思维和想象之旅，根据你的目标直接、先发制人地影响他们的内在表征。如果你建议某人想象某种情境，他们会相信自己想象出来的就是他们自己的观点，因为他们确实想象出来了某种情境，并且将相应的观点带到了意识层面。

请你想象你正在推销产品或服务。通过以特定的方式组织语言，你能主动引导客户想象特定的情境。你可以提出特定的问题来激发客户的想象，向客户精确地描述你希望他们想象以及最终相信的内容。这能帮助你达到以下目的。

● 塑造客户的内在表征（即他们对你的产品 / 服务的感知）。
● 更有效地说服客户。

● 解决客户的反对意见和批评。

现在，请你花点时间慢慢阅读这段内容，思考一下，当你学会使用这种技巧来引导别人的想象时，这对你来说意味着什么？你可以让客户对你的产品或服务产生积极的想象。请你想象一下拥有这种技能时是什么样子，然后思考一下你能通过这种技能获得哪些优势。你想到的优势包括经济独立，对吧？

如果你能轻易地激起客户对你的产品、服务或观点的渴望，会怎么样呢？想象一下，你会获得怎样的成功以及这样的成功对你和你的家庭而言意味着什么。在研究如何主动地调动和影响客户的内在表征前，我们首先要弄清在与客户交流或者向客户做报告时，他们的内心发生了什么。

你的客户在意识和潜意识层面接收到的信息非常多，多到让你感到惊讶。他们从最初看到你的样子和听到你的声音开始就形成了关于你的看法。这些看法与他们潜意识中的信息是相联系的，他们会在以后与你交往的过程中根据你的表现来解释和验证这些看法。他们吸收了很多关于你的信息，而且他们的大脑会有选择性地处理这些信息，即删除、曲解、归纳一些信息。保留在他们大脑中的这些信息就是关于你的心理图像或内在表征，他们为了理解你所说的话会不断使用和完善这种内在表征。在本章中，你将学会控制和引导他们的内在表征。

你可以通过自己的陈述让客户形成新的内在表征，激发他们的相应情绪。他们感到快乐、悲伤或者困惑，这些情绪会体现在他们正在做的事情和肢体语言上。最终，你的客户会理解你的意思，形成你希望他们形成的内在表征。

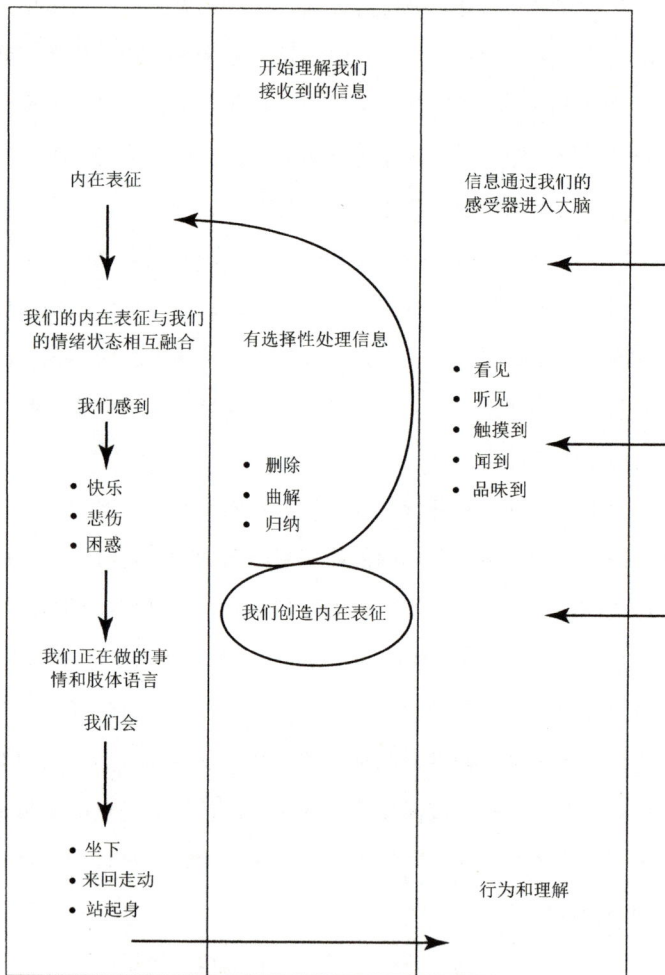

图 10-1 如何理解我们周围的世界

作为说服者，我们激发别人的想象的目的是让他们形成关于我们的观点、行为、产品或服务积极的内在表征，接受我们的建议。值得注意的是，他们想象的内容必定是对他们而言非常重要的。

✍ 金玉良言

当你掌握了"内在表征"这个词语并学会了使用这种技巧，你就可以激发客户的想象，让他们形成关于你的产品或服务的优势的内在表征。他们通过想象来体验他们能获得的益处。

在这个阶段，我恳请你重读本章中前面的一段内容，如下。

"现在，请你花点时间慢慢阅读这段内容，思考一下，当你学会使用这种技巧来引导别人的想象时，这对你来说意味着什么？你可以让客户对你的产品或服务产生积极的想象。请你想象一下拥有这种技能时是什么样子，然后思考一下，你能通过这种技能获得哪些优势？你想到的优势包括经济独立，对吧？"

第一次读这段内容时，你是否真的做过下面这些事情？

● 你思考过当你学会使用这种技巧来引导别人的想象时，这对你来说意味着什么？

● 你想象过拥有这种技能时是什么样子吗？

● 你思考过你能通过这种技能获得哪些优势吗？

通过使用下面这些词语，我们往往能轻易地让客户开启一段想象中的心理旅程，不管他们是在听我们说话还是在阅读我们的文本，也不管他们想象的内容是独特的还是常见的。

● 考虑一下……
● 请沉思几分钟……
● 想一想……
● 如果……会怎样？
● 当……会是什么情形？
● 想象一下……
● 请你回想一下……

躬身实践

每个人都会使用内在表征，但大多数人都没有意识到过这一点，也不知道内在表征对其他人的意识和潜意识层面具有很强的影响力。现在，你既意识到了内在表征的作用，也掌握了如何使用前面提到的词语来控制其他人的想象。请你想象一下，如果你将这种技巧积极应用于你的演讲、会谈和电子邮件中，你将获得越来越高的成就。

在下面的几个案例中，销售专家引导客户按特定的方式去思考和想象，从而达到目的。

📖 经典案例

会计软件销售

- 请你思考一下这种会计系统能给你和你的公司带来什么好处。
- 仔细想一想，你就会发现这种会计系统比同等价位的同类产品拥有更广泛、更强大的优势。
- 如果你可以用 6 个月的时间分期付款，这样如何？

零售

- 想一想你穿上这件衣服参加下次面试／会议的情境，你会感到非常自信。
- 你能想象一下这款照明设备放在你的家里能营造出什么氛围吗？
- 如果我可以给你的晚餐打折，那会如何？

双层玻璃销售

- 如果你的房子全部使用双层玻璃能让你的物业费降低 60%，那会如何？
- 想象一下，这些双层玻璃能让你的家人更加安全。
- 请你思考一下，安装双层玻璃能让你节省一笔钱，这对你来说是划算的。

金融服务

- 想象一下提前退休，你可以做任何你想做的事情。
- 当你可以自由支配 500 万元时，你觉得如何？
- 思考一下，如果你没有财务规划，你可能会面对怎样的情况？

房地产销售

- 请你想象一下像这样站在这间房间里时的感受。
- 如果你有一套这样的房子来享受家庭的温馨，这不是很美妙吗？
- 想象一下与朋友在这样的房间里举办派对，你感觉如何？

电信设备销售

- 如果将你现在用的手机与最新版的 iPhone 相比，你觉得如何？
- 假如你可以购买这家店里的任何一部手机，你会选哪一部？

说服力课程销售

- 如果你能说服更多客户，赢得更多商机，这对你而言意味着什么呢？
- 请你想象一下，当你学会了所有说服技巧，你就能在

5 年内实现经济自由。

● 如果说服力能帮助你赚更多钱，你觉得如何？

■ 本章小结 ■

● 先发制人地使用"想象一下""思考一下"等词语来引导
他人走上想象之旅，引导他们去想象和思考，让他们形成
关于你的观点、行为、产品或服务积极的内在表征。

● 当你与客户沟通时，使用"想象一下""思考一下"等词
语给客户创造心理图像，让他们理解你传达的信息。

● "想象一下""思考一下"等内在表征词语每天都会自然地
出现在你的交流过程中，但只有当你有目的地使用它们时，
它们才能产生强大的作用。

第 11 章
动机方向：发现客户做出购买决策的内在驱动力

如果你以对方能理解的语言与之交流，你的话能进入他的大脑；如果你以他的语言与之交流，你的话能进入他的心。

——纳尔逊·曼德拉（Nelson Mandela）

毫无疑问，你有时会听到别人说或者你自己说："他／她在自说自话，牛头不对马嘴。"想象一下，如果你的客户在一次重要会谈中产生了这种消极的想法，结果会怎么样呢？这不是一种令人愉快的想法，对吧？请你回想一下，你可能遇到过这种情境：你觉得自己讲得很精彩，但是最终客户没有购买你的产品，或者老板没有奖励你。你有没有想过，不管你讲得多么精彩，但你所说的话却并不是对方想听的？

　　大多数销售专家都不能完全意识到他们使用的词语对他人的意识和潜意识层面造成的直接和间接的影响。他们盲目地以他们的惯用方式去试图发展融洽关系，因为他们认为这种方式总是有效的，他们是普遍受到欢迎和喜爱的。然后，他们固执地坚持同样的方式，向客户强调他们觉得很独特的卖点。当他们遭遇失败时，他们难以相信，不知道作何解释。这听起来是不是很熟悉？

匹配你与客户的语言

　　在本章中，我探索出了一种隐秘的、强大的、大多数商务拓展专家都不熟悉的说服技巧，即帮助你找到与客户语言风格相匹配的表达方式。这种简单的说服技巧的强大作用取决于你的客户完全没有意识到他们自己的语言透露出了什么秘密，也没有意识到你特别选择了与他们的语言风格相匹配的表达方式。这样你就能加强你们的融洽关系，消除他们的抵触心理，增强他们的响应性。

你是否思考过你行为的背后动机？你知道为什么你采取这种行动而不是另一种行动？我们被各种不同的因素驱使着，所以你应该理解做某件事的理由是成百上千的，对吧？从本质上说，人们在不同程度上都是趋利避害的，影响我们以及客户的日常决策的基本因素可以分为以下两类：

- 趋近能帮助我们完成目标的事物；
- 逃避会阻碍我们达到目标的事物。

趋近和逃避是两种不同的动机方向。你可以根据客户的语言识别出他们的动机方向，对此作出反应，这样你就能在沟通中居于主导地位，确保自己能说服对方。用对方的语言风格与之交流（对方不会意识到这一点），这能确保你始终抓住对方的注意力。这种巧妙的技能可以加强融洽关系，消除抵触心理，悄无声息地获得客户的好感。

你的目标

不管是趋近能帮助完成目标的事物，还是逃避会阻碍达到目标的事物，在谈论特别感兴趣的领域时，每个人都有所不同。在与客户交流时，你的目标之一是识别出他们的动机方向。

一旦你确定了客户的动机方向，你就可以使用他们喜欢的词语。奇怪的是，你的客户不会察觉到他们的动机方向和语言偏好。这听上去相当困难，但其实非常简单。

如何确定客户的动机方向

识别一个人的动机方向最简单的方法是仔细倾听他们在"因为"一词后面使用的词语。为了让客户说出"因为"一词，你需要做的就是用"为什么"提问。

📖 经典案例

- 我想知道你是否能说清楚为什么……
- 你之前提到了 ABC，为什么……
- 我觉得你可能对 XYZ 不感兴趣，为什么……

你是否注意到我在提出关于"为什么"的问题之前，会使用简短的词句来缓解疑问语气？这些词句被叫作"开场语"。我们首先使用开场语来引起对方的注意，然后提出问题，这样能减少对方的抵触心理。

📖 经典案例

你可能不想要停止与供货商 ABC 的合作关系，直到 XYZ 公司提供了更好的服务方案。

这个例子中使用了开场语"你可能不想要"，缓和了说话语气，从而削弱了对方的抵触心理，让对方感到安全和放心，不会觉得生硬突兀。我们不能直率地对客户说："停止你与供货商 ABC 的合作关系。"在这个例子中，我们间接地攻击了竞争对手 ABC，有效地说出了我们的看法。这种技能被称为"暗示忽略法"，即暗示客户避免做某事。

另一种引导客户说出"因为"的方式是使用封闭式问题。这种问题以"是否""能否""可不可以""应不应该"等词开头。你的客户可能会回答"是的，因为……"或者"不是，因为……"

趋近动机式词语

一旦你提出"为什么"，请你注意听下面标注了斜体的词语。你将发现与你谈话的人的动机方向是趋近能帮助他们完成目标的事物。

- 因为公司必须在行业内*获得*更高的地位。
- 因为我必须*推动*我的公司向前发展。
- 因为我所在的部门需要*完成*……
- 因为我们不得不表明我们能够*赢得*……
- 因为我需要*得到*……
- 因为一旦 XYZ *进入*这个领域，我们就能*做到*……

- 因为当我们*成为*行业第一时，我们就*能够*……
- 因为我们能获得巨大的*收益*，冒一点风险是值得的。
- 因为继续前进的*优势*远远超过……
- 因为我们将*实现*……

这份列表绝非详尽。除了上面标注了斜体的词语，人们还会使用"确保""达到""取得成果"等词语来表明他们的趋近动机。

趋近动机与肢体语言

除了根据人们使用的词语来判断他们的动机方向，还可以从他们的肢体语言中找出蛛丝马迹。具有趋近动机的人与对方保持 0.5 至 1.5 米的距离时肢体动作总是轻松自在，他们往往会更频繁地上下点头，而不是左右摇头。

✍ 金玉良言

你可能会发现一些人总是能针对不同的人使用不同的语言风格。你应该发现这一点，专注于找出他们最主要的语言偏好。

趋避动机式词语

一旦你提出"为什么"的问题，请你注意听下面标注了斜体的词语。你将发现与你谈话的人的动机方向是逃避会阻碍他们达到目标的事物。

- 因为我们必须*避免*冒进，否则可能无法完成第三季度的业绩目标。
- 因为如果我现在就着手解决这个问题，这会*妨碍*我等会儿的休息。
- 因为如果我们现在*阻止*这样的事情发生，我们以后就*无法处理*……
- 因为如果我们*清除*多余的开支，我们将节省下……
- 因为我们将*停止*拼命挣钱，这对我来说意义重大。
- 因为如果我们*离开*那个部门，我们的经费就会减少。
- 因为我*不愿意*浪费时间和金钱去运营那家工厂。
- 因为这*不够完美*。

这份列表绝非详尽。除了上面标注了斜体的词语，人们还会使用"废除""消灭""撤销"等词语来表明他们的趋避动机。

趋避动机与肢体语言

有趣的是，具有趋避动机的人会展现出更加排斥他人的肢体语言风格。他们在与对方保持 0.5 至 1.5 米的距离时总是显得很不自在，会更频繁地摇头，而不是点头。

具有趋避动机的人可能会认为具有趋近动机的人非常幼稚，好大喜功，不太关注细节。反过来，具有趋近动机的人可能会认为具有趋避动机的人非常保守，故步自封，总是花太多时间处理细枝末节，看不到宏大的愿景，害怕冒险。在商业环境中，40% 的人具有趋近动机，40% 的人具有趋避动机，20% 的人居于两者之间。

下面是一位客户与推销者的对话。

客　户：是的，我相信你的产品在某些方面超过了我现在所使
用的同类产品，但是在我选择你的产品之前，我需要
更多能说明它可以帮助我完成第三季度的业绩目标的
证据。

推销员：这是我们的档案资料，你不用担心无法完成第三季度
的业绩目标。下面我将以最好的方式打消你的疑虑。

推销员的回答表面上解答了客户的疑问，强调了他的产品能确
保客户成功完成目标，但是他犯了一个错误。大多数推销员都可能
像上面那样回答，却忽略了客户的动机方向及其偏爱的语言风格。
客户使用的"帮助""完成"等词语表明他趋近能帮助他完成目标
的事物，然而推销员回答的是"担心""打消"等词语。语言偏好
非常微妙，难以察觉，但是往往具有强大的作用。

对于推销员而言，更好的回答方式如下。

推销员：你放心，一旦你选择了我的产品，你确实能更好地完
成你的目标。我之前是否提到过我们会提供 15 年的
保修期和上门服务？

这种回答方式通过使用"选择""更好""完成"等词语回应了
客户的趋近动机方向。客户在潜意识层面感觉愉快自在，更有可能

接受推销员的建议。

■ 本章小结 ■

- 客户会积极地趋近能帮助他们完成目标的事物，逃避阻碍他们达到目标的难题。
- 具有趋近或趋避动机的人都有自己独特的语言风格。
- 趋近动机式词语包括获得、达到、实现、促进等。
- 趋避动机式词语包括避免、防止、停止、消除等。
- 具有趋近动机的人使用包容性的肢体语言，倾向于点头。
- 具有趋避动机的人使用排斥性的肢体语言，倾向于摇头。
- 根据客户的动机方向采用恰当的语言风格与他们交流，这能帮助你加强与客户的融洽关系，消除客户的抵触心理，增强客户对你提出的看法的响应性。
- 如果你发现某位客户既具有趋近动机又具有趋避动机，那就找出占主导地位的动机方向。

第 12 章
测试真假：破解客户眼中的隐藏信息

如果你想说服某人做某事或购买某种产品，你应该站在他们的角度说话。

——大卫·奥格威（David Ogilvy）

你是否在电视上看过法庭审判？法官用力地敲桌子，同时质问被告人或控告人，径直地看着对方的眼睛。你认为法官想从对方的眼睛中找到什么？在本章中，我将阐述两种非常有用的技巧。

1. 通过仔细观察客户在回答问题时眼球的运动轨迹，你将确定他们所说的是否真实。

2. 我将向你讲述如何确定你的客户是视觉型、听觉型、触觉型还是数码型思维者。我会解释它们是什么意思，讲解客户所偏爱的思维方式是如何影响他们的语言记忆，而你又要如何调整自己的思维以适应客户的。这样做的目的是加强融洽关系，消除客户的抵触心理，增强他们的反应性。

真还是假

想象一下，三个水平面可以将视觉区域分为三个部分：上面、中间和下面。

上面的视觉区

图 12-1　构建图像

如果客户在回答你的问题时，他们的眼球向你的左上方移动，这表明他们正在形成关于答案的图像。他们可能给出了不真实的答案，创造了某种不存在的事实，因此当你观察到这种眼球运动时，你要针对他们的答案进一步提出问题，从而判断他们所说的是真是假。

如果在客户回答你的问题时，他们的眼球向你的右上方移动，这表明他们正在反思或回忆已经发生了的事情，他们的答案很可能是真实的。

如果你观察到客户的眼球经常向上面的视觉区运动，而不是向其他区域运动，那么你就可以判定他们的思维风格是视觉型的。请记住，你的客户不可能知道自己的眼球运动轨迹和思维风格。视觉型思维者用图像、形状、画面、图表、影像来理解世界。他们基于自己的观察来形成记忆和做出决策。

图 12-2　回忆图像

　　你肯定听说过一句话："一图胜千言。"对于视觉型思维者，这就是事实。而且有趣的是，他们更喜欢使用和视觉有关的词语。下面的表格列出了他们经常使用的词语。浏览这个表格，你将对视觉型思维者形成一种感性认识。观察客户的眼球运动，倾听他们所说的话，判断他们是否是视觉型思维者。

视觉型思维者经常使用的词语				
容貌/长相	显露	视而不见	明亮	灿烂辉煌
阴云密布	黑暗	朦胧	沉闷无聊	展望
褪色	凝视	瞥见	刺眼	闪现
照耀	意象/图像	光芒	注视	光彩/光泽
注意到	观察	全景	图案/图形	景观
图片	描绘/描述	揭露/揭示	浏览	景色/场景
看见	表演/展示	视力	侦察	审视
观点	角度	可见的/明显的	观看	

视觉型思维者经常使用的短语或句子	
看这里	这能带来灵感之光

（续表）

视觉型思维者经常使用的短语或句子	
关注 这个空间	你能 *看见* 它吗
描述 你的结论	我会用 *图表* 来阐明我的观点
地道里面有 *亮光*	让我们在这张纸上 *画出* 我们的计划
从我的 *视角* 观看	未来的 *愿景* 是非常清晰的
向我 *展示* 如何做	*浏览* 这篇文章

向视觉型客户推销产品 / 服务

视觉型思维者对视觉信息更敏感，更喜欢用图像来描述概念和观点。如果你有产品宣传册或广告单，一定要分发给视觉型客户。你还要尽可能地以生动形象的方式讲述你的看法。他们会欣赏"让我向您展示……"这种表达方式，欢迎你使用白板、图表、投影仪和幻灯片。

中间的听觉区

图 12-3 构建声音信息　　图 12-4 回忆声音信息

如果在回答问题时，一个人的眼球经常向左或向右移动，即向

耳朵的方向移动，那么他们很可能是听觉型思维者，对听觉信息很敏感。当听觉型思维者的眼球在水平位置向你的左边移动时，这表明他们正在构建听觉信息，他们所说的很可能是不真实的，因此你需要进一步提出问题。当听觉型思维者的眼球在水平位置向你的右边移动时，这表明他们正在回忆他们实际听到过的信息，他们所说的很可能是真实的。

如果你观察到客户的眼球经常在水平位置上左右移动，而不是做出其他运动，那么你就可以判定他们的思维风格是听觉型的。听觉型思维者基于自己所听到的来形成记忆、做出决策和理解世界。他们能轻易地记住名字，却很难记住人脸；他们不太清楚视觉世界里正在发生什么，但是对听觉信息却能作出迅速的反应；他们可能更喜欢通过手机进行语音聊天，而不是面对面交流。和视觉型思维者一样，听觉型思维者也有自己偏爱的词语。

听觉型思维者经常使用的词语			
大声	宣布	发出声音	打电话 / 呼叫
聊天	铃声	评论	交谈
断言	讨论	表达	听到
倾听	响亮	说到	谋划
安静 / 默不作声	回声	钟声	说话
听起来像	演讲	谈话	告诉 / 吩咐
吵闹	发声	鼓吹	代言

听觉型思维者经常使用的短语或句子	
我*听到*你刚才说	*听起来*很好
你说话很*大声*	请*发表*你的看法
闹钟*吵醒*了我	给我*安静*
*打电话*给我	我正在*调音*
外面太*吵闹*了	让我们*谈论*这个问题

向听觉型客户推销产品 / 服务

听觉型思维者喜欢讨论，他们会欣赏"让我们谈论一下这款产品的主要优势"这种表达方式。他们是很好的倾听者，喜欢听演讲和报告。如果你正在和一位听觉型思维者说话，你就需要让自己的声音抑扬顿挫。他们比视觉型思维者更喜欢语言交流，所以提问和辩论都能很好地帮助你与他们打交道。

✍金玉良言

向你的朋友和家人提出简单的问题，仔细观察他们的眼球是如何运动的，并倾听他们所使用的词语。在这种没有压力的环境下坚持不懈地练习，你将增强你的交流能力，更好地判断客户的思维风格。最终，你将获得巨大的事业成就。

下面的触觉区

图 12-5 触觉型

当惯用右手的人经常看你的左下方时，这表明他们正在思考身体知觉或内在感受，他们的思维风格是触觉型。

触觉型思维者经常使用的词语			
重视	协助	平衡	抓住
冷却	凝结	冷静	切割
呼气	畏惧	感觉	坚固
夺取	紧握	坚硬	链接
融合	紧张	指出	确保
粗糙	平滑	抚摸	实体
稳定	踏实 / 放心	弯曲	强壮
支持	处理	提供	拉伸
密封	扭曲 / 曲折	失衡	如坐针毡

听觉型思维者经常使用的短语或句子	
我感觉*如坐针毡*	我们需要*牢不可破*的证据
你能*指出*墙上的斑点吗	*抓住*这根木棍
地面*湿滑*	请你*协助 / 支持*我

138

向触觉型客户推销产品 / 服务

触觉型思维者会欣赏"让我带领你……我将指出……"这种表达方式。如果你要推销的产品方便携带，那就带上它去见你的客户，因为触觉型客户喜欢近距离感受客观存在的产品。

下面的数码区

图 12-6 数码型

当惯用右手的人们经常看你的右下方时，这表明他们正进行内在交流，即与他们自己对话。我将此称为"数码型语言"，它们不包含具体的情绪。如果你发现这种眼球运动，为了进一步确认他们的思维风格，你就需要观察他们的头是否稍微偏向你的右边。

一旦你确定对方是数码型思维者，你就可以鼓励他们说出他们正在想什么，问他们"你觉得这种观点如何"或者"如果……你会怎么看"。他们可能会回答说"我在想如果……"或者"我没想什么，只是觉得……"你在适当的时候提出这些问题，你的客户就会无意间主动提供更多能帮助你选择正确的沟通策略的信息。

数码型思维者经常使用不包含情绪的词语			
分析	获益	能力	条件

（续表）

数码型思维者经常使用不包含情绪的词语

考虑	沉思	配合	谨慎
区分	从事	促进	迎合
开创	激励	投入	谈判
好奇	假装	生产	专攻
质量	辨别	记住	反应
结果	认同	理解	利用

数码型思维者经常使用的短语或句子

我将*仔细*考虑这个建议
我会写下我们最近的*分析*结果
我们已经*确认*了主要原因
这是*专业*标准的问题

向数码型客户推销产品/服务

数码型思维者喜欢掌握和研究事实，经常与自己对话。他们热爱计算、研讨、探究、调查、归纳和做笔记。他们逻辑缜密，很少拍脑袋做决定，所以你要小心应对他们，找出能吸引他们的沟通方式，不要出现逻辑漏洞。

✍金玉良言

语境和个人情况会影响他们的语言系统。定期与你的客户见面，你将越来越熟悉他们的语言偏好。

斜视和头部运动

结合眼球运动、斜视和头部运动等信息可以帮助我们更好地理解客户的所思所想，形成真知灼见。

斜视

当你提出一个问题时，如果客户难以捉摸地做出了斜视的动作，这表明他们在潜意识层面对你提出的问题有所警惕，他们的回答可能是不真实的。这被称为"视觉阻断"，是一种非语言反应，通常会在人们受到威胁或者遇到不喜欢的事物时发生。此外，人们在阅读或者听到他们不同意的内容时也会做出斜视的动作。这是人们无意识表现出的肢体动作，能帮助你有效地判断客户的想法和他们所提供的信息的真假。

头部运动

如果人们在说话时摇头，这很可能表明他们是真诚的；如果人们在说话之后稍微动了一下头，这很可能表明他们隐藏了一部分事实，这时你要继续询问他们。

下面是一些正确或错误使用视觉型、听觉型、触觉型和数码型语言的案例。

📖 经典案例

案例 1

客户：你目前说过的所有话听上去都很可靠。我认为你恰好能满足我们公司的需要。

你不应该像下面这位顾问一样回应客户。

顾问：是的，我认真考虑了你们公司的需要，而且我带领我的团队制订了这份计划表。我们希望看到的愿景是我们能帮助你们公司发展得越来越好，完成你向我们指定的业绩目标。

这位顾问的表达方式与客户的思维风格不协调。客户明显是一位听觉型思维者，顾问的回答却是视觉型的。双方语言上的不协调造成的不利影响是很微妙的，客户需要反复思考才能理解顾问所说的话。顾问如何回应才是合适的呢？

顾问：是的，我将你们公司的需求听得很清楚。我的团队讨论出了这份计划书，我们都认为它很符合你们的需求。

案例 2

客户：你需要拿出具体可靠的证据来说明你提供的产品能满足我们的需要。

你不应该像下面这位顾问一样回应客户。

顾问： 我们分析了你的主要需求，我们的产品肯定能带给你想要的效果。

客户表现出来的是触觉型思维风格，而顾问的回应是数码型的。双方语言上的不协调影响了他们之间的融洽关系，甚至可能对客户的购买决定造成不利影响。顾问如何回应才是合适的呢？

顾问： 请你放心，我们非常重视你的需求。我们已进行了大量研究。我能 100% 地确保你会对我们提供的产品感到高兴和满意。

好吧，我有意地夸大了这些案例来表达我的观点。下面是一些要点。

- 如果你是视觉型思维者，你将看到我们运用这些知识后能达到什么效果。
- 如果你是听觉型思维者，你在本章中所读过的内容听上去都很不错。
- 如果你是触觉型思维者，你已经抓住了我所提炼的要点。
- 如果你是数码型思维者，你能很好地区分各种思维风格，而且能很好地理解以恰当的方式与不同思维者交流会带来的好处。

在本章快要结束之前，我想要强调的关键信息是你要仔细倾听客户所说的话，发现连他们自己都没有意识到的语言偏好。你还要观察客户在说话时的眼球运动，使用你掌握的知识去判断他们的思维风格，之后选择与其相匹配的词语进行交流。

值得留意的是，如果你想要确定对方是否隐藏了部分事实或者说了假话，你一定要认真倾听和观察对方。

掌握这种技巧是极具挑战性的，需要你不断练习。通常而言，如果你观察到其他人在回答问题时将眼球向你的左边或者左上方移动，那就继续提问，直到你能确定他们的回答是真是假。下面是一些例子。

- 我已经确定眼球可以向六个方向移动，每一个移动方向都有特定的含义。对一些人（比如左利手）来说，在他们回答问题时眼球的移动方向与大多数人是相反的。为了确定你的交流对象是否属于这种情况，你可以提出一些你已经知道答案的试探性问题，并同时观察他们的眼睛。然后你就可以根据他们的眼球移动方向来判断他们是在虚构还是在回忆某些事件。

- 我们的大脑都会同时加工大量信息。当我们回答问题时，很多想法都会涌现出来，在加工每一种想法时，我们的眼球都会快速地向特定的方向移动。如果你观察到其他人的眼球快速地向各个方向移动，你就无法判断他们的回答是真是假。

- 一些人在试图记住或回忆某些事情时，会将他们的目光聚集在某个地方，而不是倾向于将眼球向某个特定的方向移动。这时你无法判断他们的回答的真实性。

- 如果你提出的问题主要涉及最近发生的、仍保留在对方的短期记忆中的事情，那么对方在回答问题时很可能会直直地向前看。这时你也无法判断他们的回答的真实性。

在你进入客户的办公室时，为了判断对方是左利手还是右利手，你可以观察钢笔、手机和鼠标的位置。如果这些东西放在对方的右手边，那么你就可以合理地推测对方是右利手。当然，这种推测并非完全准确，因为很多右利手喜欢将手表戴在左手腕上。

■ 本章小结 ■

- 与你的家人、朋友和同事交流，倾听他们说的话，观察他们的眼睛，判断他们是视觉型、听觉型、触觉型还是数码型思维者。

- 当你收到客户的邮件时，通过他们使用的词语判断他们是视觉型、听觉型、触觉型还是数码型思维者，并确保自己以恰当的方式给予回复。

- 大多数人都会使用视觉型、听觉型、触觉型和数码型词语，你需要仔细观察和不断练习，才能发现他们更加倾向于哪种风格。

- 当你向一群客户做产品展示时，尝试使用各种风格，以吸引尽可能多的客户。首先，吸引客户的注意是一种好方法，你应该经常这样做；然后，你要注意自己的语言偏好和客户的反应，并根据客户的反应调整自己的语言风格。

- 观察客户的眼睛，加深你对客户的语言风格的理解，记下客户喜欢使用的词语。

- 只要客户一说话，你就要注意听他们喜欢使用什么词语，判断他们是视觉型、听觉型、触觉型还是数码型思维者。

- 你应该用客户喜欢的语言风格与他们交流。

- 客户的眼球向你的左边或左上方移动通常表明他们说的不是实话，这时你要及时进一步提出问题。

- 在解释眼球运动模式的含义时，非常重要的一点是你要确定对方是左利手还是右利手。本章提到的眼球运动模式及其含义只适用于右利手，而左利手的情况则是相反的。

第 13 章
部分理论：将反对意见分成两部分，分而化之

我不认为你会相信我有分裂的人格。我只是将人格的各个组成部分融合在一起，所以你不会觉得我的人格是分裂的。

——佚名

什么是部分理论

精神病医生和临床治疗师使用部分理论来解决患者的心理冲突，纠正或改变不良习惯，帮助他们更好地生活。例如，广场恐惧症患者一方面对外面的空间感到极度恐惧，另一方面想离开自己的房间，走向外面的世界，过上"正常的"生活。酒精成瘾者也是类似的，一方面知道自己应该努力戒掉酒精，另一方面又离不开酒精，给自己的酗酒行为找借口。

在一些特殊情况下，比如遭遇强烈压力或者精神创伤，人们会表现出多种人格。电影《心魔劫》（*Sybil*）讲述了一个令人深思的案例：莎莉·菲尔德（Sally Field）饰演的西比尔·多赛特（Sybil Dorset）表现出了 13 种人格特征，随着每种人格逐渐发展，她的生活越来越糟糕。

西比尔的症状现在被称为分离性身份障碍（DID）。一位治疗师被她的分裂人格所吸引，对她说："我知道你的一部分相信 A，另一部分认同 B，是吧？"

部分理论的商业应用

作为本章的主题，部分理论可以用来解决客户的反对意见，控制谈话方向，强调产品或服务的优势，在商业领域大有用武之地。

当你的客户存在心理冲突时，他一方面能清楚地看到你提供的产品或服务的价值，另一方面又会提出反对意见或者表现出不确定性，这时你就可以应用部分理论。在这种情况下，客户并非完全拒绝你，你的任务就是促进他们更加认同你的观点，削弱他们的抵触心理。

例如，你与某个团队的合作方式发生了变化，需要及时确保每个人都能接受新的情况，这时你可以说：

"一方面，你看到了商业变化带给每个人的不安；另一方面，你也能看到阵痛之后巨大的长期收益，是吧？"

再例如，下面是一位主管对一位销售人员的个人业绩的评价：

"我很欣赏的是，你一方面在上个季度很好地完成了业绩目标，另一方面又意识到了自己还有很大的提升空间，是吧？"

部分理论不仅能有效地化解反对意见，为客户选择你的产品或服务提供理由；而且这种技巧也能帮助你进行日常交易。

部分理论的基本结构

说服者： 你一方面看见 / 相信这种"反对意见 / 不确定性"，另一方面认同 / 欣赏这种"优势 / 收益"。

下面的案例都使用了部分理论的语言结构来应对关于价格的反对意见。通过结合多种语言模式，我们增强了对方的响应性。我会将语言模式标注出来，进行详细的描述。

说服者： [我同意，你说得对。][而且，] 我相信你 [一方面] 可能既认为这对你来说太昂贵了，[但是，][另一方面] 你可能又觉得物有所值，[是吧？][因为] 你能享受到更优质的服务或者拥有更有质量保障的产品。[这意味着] 你将在工作中遭遇的故障更少，能更有效率地完成任务，这对你和你的公司而言都是非常重要的，[是吧？]

这段话中融合了下面几种语言模式。

（1）同意框架

结构：我同意，而且我要补充说明的是（任何有利于帮助你达到目的的内容）

同意框架在各种销售谈判或双方方案冲突的情境中都非常有用。这种简单的语言模式可以将消极的情况转变成积极的。

你是否注意到当你同意别人甚至只是部分同意他们所说的话时，你与他们的对话就会变得更加顺畅？

这种技巧有点类似于柔术，即用对方的话或身体动作来有效地反对对方。最重要的是，这种技巧能有效地减弱对方的抵触心理，而且对方也很难察觉到你在反对他们，因为你表面上已同意了他们的观点。练习这种技巧，即使你可能不同意对方的观点，你也要表示同意，然后观察他们的反应。关于同意框架的更多内容，你可以回到第 3 章重新阅读。

（2）语言运算

"而且"和"但是"分别发挥着加强和削弱前面所述内容的作用。"而且"一词表示补充说明，使前后内容保持连贯一致；"但是"一词表示转折，否定前面所述内容。

（3）附加疑问

我们大多数人在日常交流中都会无意识地使用附加疑问。这种问句形式包括"是吧""对吗""好吗""不是吗""明白吗"等。

附加疑问能促进对方认同你所说的，而且如果你同时稍微点三次头，这种问句就会更加有效。

（4）因果逻辑

从童年期开始，我们就已逐渐被长辈塑造成了会轻易相信"因为"一词后面的内容是合理解释的人。

📖 经典案例

为什么我现在必须上床休息？

- 因为我说了算。
- 因为现在是上床睡觉时间。
- 因为你想长高长壮，不是吗？

研究表明，如果你在请求别人帮助你时使用"因为"一词给出理由，他们就会更加乐于施以援手。因为"因果逻辑"这种语言模式让说话者显得真实可信，听者更容易将注意力集中在"因为"一词后面的内容，并相信它们是真的。

（5）等效

"这意味着"表明前后内容是等效的。从本质上看，你通过这个短语假定一种事件、行为或需求意味着另一种。当你使用这种技巧去说服别人时，你可以植入建议，创造一种可能并不存在的逻辑关系。

📖 **经典案例**

- 你正在阅读本书，因为你已经意识到它能带给你的收益。你将变得越来越有影响力和说服力，这意味着只要你敢想，你就能改变生活的方方面面。
- 你正在阅读本书，这意味着你期望通过阅读本书或者参加说服力培训课程来增强说服力，你对未来充满了想象。

这两段话包含的建议非常清楚，即你应该阅读本书，这意味着你将变得更有说服力，过上更好的生活。

让我们回到客户的反应上。我们使用了多种语言模式，客户会

如何回应呢？下面让我们看看每一种语言模式是如何影响客户的回应的。

[我同意，你说得对。][而且，] 我相信你 [一方面] 可能既认为这对你来说太昂贵了，[但是，][另一方面] 又可能觉得物有所值，[是吧？][因为] 你能享受到更优质的服务或者拥有更有质量保障的产品。[这意味着] 你将在工作中遭遇的故障更少，能更有效率地完成任务，这对你和你的公司而言都是非常重要的，[是吧？]

下面这个表格阐明了这些语言模式及其预期效果。

我们对客户的回应	语言模式及其预期效果
我同意，你说得对。	**同意框架：** 这能消除客户的抵触心理，让客户易于接受我们接下来所说的。
而且，	**语言运算：** "而且" 一词能衔接前后内容，推动谈话向前进行。
一方面……	**部分理论的第一部分：** 这能降低客户的反对意见的重要性，因为反对意见只是问题的一部分。
但是，	**语言运算：** "但是" 一词在不知不觉中否定了前面的反对意见，强调了后面的内容。
另一方面……	**部分理论的第二部分：** 这让客户看到了我们的产品／服务能带给他们的好处。
是吧？	**附加疑问：** 这能引导客户同意我们的观点。
因为……	**因果逻辑：** "因为" 一词具有很强的影响力，能让客户轻易地认同我们。我们在这里用 "因为" 一词强调了我们的优势。

（续表）

我们对客户的回应	语言模式及其预期效果
这意味着……	**重新定义**：这能让我们换一个角度陈述我们的观点或者植入我们的建议。
是吧？	**附加疑问**：这能再次引起客户的肯定回答，让客户认同我们。

　　本章介绍的部分理论是一种简单的语言模式，你也许认为它能衍变出相当复杂的形式，尤其是当它与其他语言模式相结合时。为了消除你对部分理论以及多种语言模式的结合不必要的畏难情绪，请你记住，你其实经常在不知不觉中运用这些语言模式。毫无疑问的是，当你一遍又一遍地阅读本书之后，你就会越来越熟练地运用它们。

金玉良言

　　为了帮助你建立自信，我给出了下面的建议。

- 写下经典的、你经常遇到的反对意见。
- 快速地写出你针对反对意见的回答，查看你在没有思考的情况下会使用本章提到的哪些语言模式。
- 主动运用这些语言模式。
- 大声地读出你写下的内容。
- 不断练习，想象各种可能出现的场景，假设客户会对你所说的内容的某些部分感兴趣。

我在本章中描述的常规方法揭示了部分理论是如何发挥作用的，以及你可以如何将部分理论与其他语言模式灵活地结合起来。

■ 本章小结 ■

- 部分理论最初被精神病医生和临床治疗师所使用的，但它也可以被轻易地应用于商业领域。
- 你应该假设客户总是会对你的产品／服务或你所说的话的某些部分感兴趣。
- 部分理论能消除客户的反对意见，帮助你指出为什么客户应该选择你的产品／服务的理由。
- 部分理论不仅本身具有强大的作用，而且能灵活地与其他语言模式结合起来。

你应该对自己充满自信，享受使用部分理论的过程，因为一方面使用部分理论的确是一种挑战；另一方面，若你能很快地掌握这种技巧，就可以将其有效地融入你的日常交流中。

第 14 章
引用模式：引用他人的话说服他人

巧妙的引用是智慧之人手中的钻石，是愚蠢之人手中的卵石。

——法国教士约瑟夫·鲁（Joseph Roux）

为什么引用

我记得在一次说服力培训课程上，我讲解了如何以及为什么使用引用模式。一位成员对我说："引用模式是一种非常完美的说服方式，能帮助我将关于产品或服务的直接和间接的建议植入客户的内心深处，增强客户对我想传达的信息的响应性。"当然，我同意这种说法。

引用模式的结构

引用模式简单易学，便于使用。如果你从事的是市场营销或者商务拓展之类的工作，你应该将引用模式视为"必须使用"的说服技巧。最初向我介绍这种技巧的说服大师说过："这种技巧的美妙之处是你可以引用任何一个人说过的话，你还可以根据特定情境创造引语。"这是一个好建议。

你能否开始想象在下一次报告或演讲中使用这种技巧的情境？你很容易学会引用模式并将其融入你的交流过程中，但是你需要注意一些细微之处。让我们从引用模式的基本结构说起，它非常简单、直接。

引用模式的基本结构

某某说过 + 这个人说过的话。

引用模式的关键在于，你是否能以一种恰当的方式成功地传达你希望对方相信和接受的信息，对吧？这意味着你在使用引语时一定要自信，你应该提前练习大声说出这些引语。

增强引语作用的技巧

不管你想说什么，你一定要自信而清晰地表达出来。在使用引语时，没有人会质问这些引语出自何人。你可以通过引语准确地表达自己的观点，而且你的客户也不会针对你，因为你是在引用一种观点。让我们看一个案例。

说服者： 我的一位大学同学目前在为我们的竞争对手效力，他向我提到过他的经理曾告诉他，我们的产品优于他们的产品，他们非常担心会失去部分市场份额，所以正在考虑是否要降低价格。

显然，我们无法判断那位经理是否说过那样的话，但是我们都知道这位说服者想表达的意思，是吧？

你可以使用"大多数人""立即"等词增强引语的作用。

- "大多数人"是一种很有说服力的词语，它表示占主导地位的多数群体。
- "立即"能让听者马上采取某种行动或者认同某种观点。你是否思考过"立即"是多久？就是现在！

例如，我的一位常客说过，大多数购买了这种产品的人都能立即看到收益。

分析这句引语，你就会发现"大多数"和"立即看到收益"等词语是在暗示/建议客户现在就购买这种产品。你还记得第1章的植入式要求吗？在我们讲述其他人的故事或者引用其他人的话时，植入式要求能绕过对方的意识，作用于对方的潜意识。

你还可以使用代词转换来增强引语的作用。

代词转换对大多数人都是一种语法错误，却经常自然而然出现在日常交流中。当你有目的地使用代词转换时，你可以轻易地在客户心中植入建议，即使你最初表面上是在谈论其他人。

当你使用代词转换时，你可以用这些词语开头：大多数人、一些人、我的一位常客、我、我们、他、她、他们等。

然后，在讨论进行到一半时，你使用"你""你的""你们"等代词悄悄地将谈话的重点引向你的交流对象。

下面是几个关于代词转换的例子。

- 前不久购买了这款理财产品的人说："这将是你做过的最好的投资，因为我赚了很多钱。"

- 前不久购买过这款产品的人也用过你现在使用的产品，他说："XYZ 公司的产品质量一般，你不得不每 6 个月就换新。"
- 大多数购买了这种保险的人都说过："它能带给你非常安全、踏实的感受。"
- 上一位通过我们提供的途径打广告的人说："你将惊讶地发现这种广告形式能带给你巨大的商业收益。"

这些例子引用别人说的话，但是在引语中出现了代词"你"，这能让听者更有带入感。

引用名人的话

每个行业都有知名人物，他们都有很大的影响力，偶尔会说出一些被广泛引用的话。你应该留意热点事件和重要人物的讲话，记下他们说过的对你很有用的话。你永远无法预知重要人物的讲话对你的事业有着怎样的影响。

引语易于被接受，能直接进入人们的潜意识。你可以通过引用模式说出任何你想说的话，因为引语是别人说的话，但需要注意的是你应该让你的引语适应语境。因为你所说的听上去是别人说的话，所以你的客户不会对你表现出抵触心理。

■ 本章小结 ■

- 使用代词转换能让你重新将谈话的焦点放在你的交流对象上。

- 使用引用模式植入建议和要求。

- 使用引用模式说出你希望能引发客户思考的话。

- 你可以引用任何人的话，只要这些话符合特定的语境。

- 你应该遵循引用模式的基本结构：**某某说过 + 这个人说的话 + 代词转换**。你可以根据具体情况不使用代词转换。

- 引用模式能让你直接或间接地将关于你的产品 / 服务的观点植入客户的潜意识中。

- 无论何时，例如在客户质疑你的引语时，你一定要充满自信地表达你的看法。

- 在日常交流中，当你引用别人的话时，你可以频繁使用"大多数人"和"立即"这两个词。

- 关注和追随你所在行业内的有影响力的人物，说不定哪一天你就能引用他们的话来说服客户。

- 如果你决定引用他人的话，请你记住你没有必要证明这句话是绝对正确的以及能适用于任何人。只要你将引语传达给对方，你的建议就有可能被对方接受。

第 15 章
肢体动作：用肢体语言引起他人的注意

你说话太大声，导致我听不清你说了什么。

——美国思想家爱默生（Ralph Waldo Emerson）

肢体语言为何重要

在本章中，你将发现肢体语言的微妙含义。通过观察客户的肢体动作，你能更好地理解他们内心深处的感受和想法，进而有针对性地发表看法，增添你的魅力，获得他们的认同，减少他们的抵触心理，与他们建立融洽关系。

肢体语言往往能暴露一个人潜意识层面的信息。你需要学会有目的地调整你的肢体动作，让对方感觉舒适自在，对你产生信任感。

如果一本关于说服力的书没有提到交流过程中无意识的肢体动作，那么这本书一定是不完整的。

肢体语言是一个值得探讨的宏大主题，即使你用一整本书也讲不完。在本章中，我将阐述你在恰当的时候可以使用的一些肢体语言以及一些你应该避免做出的肢体动作。

明确你的身份

让我澄清一点，通过肢体动作表明你比客户、同事甚至老板更加聪明或者拥有更高的地位并不总是一种好方法；同样地，表现得低声下气也很可能会妨碍你的成功。首先，你需要弄清楚你所处的环境以及你和其他人的身份，然后有目的地调整你的肢体语言，以确保你能获得最大的收益。

肢体语言的轻微变化能改变其他人在意识和潜意识层面对你的感知。你调整自己的生理状态，表现得你好像非常自信，其他人就会觉得你胸有成竹，这反过来会让你变得更加自信。你可以通过假装做出某些肢体动作来假装很自信，不信你就试试。

你最好不要低估客户读懂你的肢体语言所暗含的信息这种与生俱来的能力。他们可能不太明白他们观察到的肢体动作的意思，但毫无疑问的是，不管你在交流过程中做出什么动作，他们都会以某种直觉式的方式对其进行感知。

如果你能理解客户的肢体语言以及客户对你的肢体语言的感受，那么你就能有针对性地对他们施加影响。你尤其要关注客户的手、眼睛、头的动作。

手势

我想知道，你在说话时对你的手势给予了多少关注？

手掌朝下

图 15-1　手掌朝下

图片来源：Tom Merton/Getty Images

　　在说话时，如果我们的手掌朝向下方，这表明我们具有高水平的自信。这对我们来说是一件好事，但如果我们在不恰当的场合过度使用这种手势，别人就会认为我们很专横，有很强的控制欲。

　　当你正在逐步与客户发展融洽关系以及努力为你们未来的合作打下坚实的基础时，如果你习惯性地做出手掌向下的姿势却没有察觉到这一点，那么客户可能会对你产生反感。

　　你想传递的信息当然是自信，然而你的肢体动作传递出来的信号却是过度自信。如果你注意到客户的手掌在大多数时候朝向下方，你就可以判断他们很自信或者有很强的控制欲，或者有其他原因。

🖋金玉良言

如果你的客户在交流时总是让手掌朝向下方，他们的人格
类型可能是控制型。这时你要调整自己的肢体语言，适应客户。

手掌朝上

图 15-2　手掌朝上

图片来源：ASDF_MEDIA/Shutterstock

在说话时将手掌朝向上方是一种很好的手势，你可以积极使
用，因为这种手势表明你很开放，能接纳对方，而且你是一位诚信
的、值得信赖的人。与手掌朝向下方不同的是，手掌朝向上方展示
的不是社会地位、权力、威望或者自信。

如果你注意到你的客户经常将手掌朝向上方，这表明他们渴望你能接纳和理解他们，也表明他们不太自信或缺乏威望，你会发现他们经常向你作出解释。

金玉良言

如果你在说话时经常将手掌朝向上方，偶尔将手掌朝向下方，这表明你很自信和很有把握，也表明你很开放和讨人喜欢。自如地运用这两种手势，不要太刻意。

手指抓握

图 15-3　手指抓握

图片来源：Marcos Mesa/Sam Wordley/Shutterstock

如果你参加过销售培训课程或者其他专业培训师演讲的活动，你会注意到培训师有时会做出手指抓握动作，比如"OK"手势。这种手势具有强大的作用，表明你很自信，你对自己所说的话很有把握。你还可以用这种手势来引导别人的注意和强调自己所说的要点。

如果客户采用这种手势，他们是在表示自信、权威和社会地位，尤其是当他们将其与手掌向下的姿势结合在一起时。

✍金玉良言

当你想要强调某点时，你应该习惯性地使用手指抓握动作，并谨慎地结合手掌向下或向上的动作。值得警惕的是，不要过度使用这些手部动作，以免你看上去高傲自大、盛气凌人，或者缺乏自信、极度渴望获得认同。你应该时刻观察客户的反应，对自己的肢体语言做出相应的调整，从而确保客户在与你交流时感到舒适自在。

关于手指抓握动作的劝告：美国人和欧洲人几乎都能接受手指抓握动作，然而在巴西这种动作却表示相当消极的含义。你需要在实际生活中研究肢体语言的含义。

手指贴近嘴部

图 15-4　手指贴近嘴部

图片来源：wavebreakmedia/Shutterstock

下一次与客户交流时，请你注意他们是否会无意识地做出手指贴近嘴部的动作。这种动作具有以下含义。

● 他们正在思考 / 评价你所说的内容。

● 他们想要说话，但是他们欲言又止，陷入了思考。如果你观察到这种动作，你可能需要稍作停顿，给予他们思考的时间，等待他们发言。

● 如果他们同时做出了眼球向你的左上方移动的动作，那么他们可能觉得他们说出了某些不完全符合事实的话。这时你可以提出一些试探性的问题。

尖塔手势

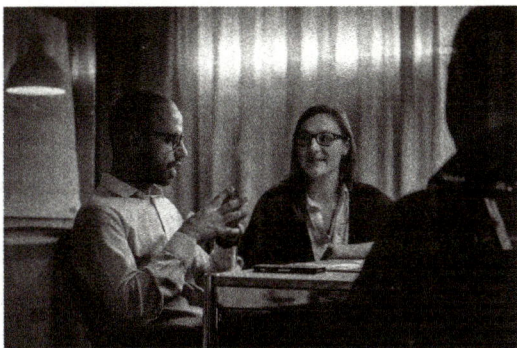

图 15-5　尖塔手势

图片来源：Hinterhaus Productions/Getty Images

　　你可能看到过权威人士或者社会地位高的人使用尖塔手势，这种手势很明显地表现出了这个人的自信。如果你的客户做出了这种手势，你就可以判定正在与你打交道的人高度自信，见多识广，而且通常要求你表现出敬意。

　　你可能向其他人做出过这种手势来传递同样的信息。为了让你的手势更有说服力，你需要明白社会地位高的人做出的肢体动作少而稳重。如果你经常且快速地移动你的手部、头部和胳膊，那么你看上去就很浮夸，这样一来你就无法达到你想要的效果了。

双手紧握

图 15-6　双手紧握

图片来源：PhotoAlto/Eric Audras/Getty Images

　　这种手势意味深长。双手紧握有时是指双手手指交叉在一起，有时是指一只手握在另一只手的上方，如图 15-6 所示。你可能会认为这种手势表示非常自信，尤其是当人们在做出这种手势时会保持微笑。

　　然而，双手紧握很可能表示的是紧张、焦虑、压抑等消极情绪。在商务环境中，如果一个人做出这种手势，他看上去像是在抓住什么，显得很焦虑或者不诚实，因此就会遭遇失败，无法有效地说服其他人。

目光接触和头部动作

用你的右眼看着对方的右眼

大多数人都对与客户的毫无威胁的目光接触非常警觉。接下来我会将目光接触提高到一种你可能从来没有想过的水平上。

神经科学家研究发现，人类的左脑和右脑具有不同的功能。例如，语言主要是左脑的功能，注意力主要是右脑的功能。注意力是指集中精力去看、去听、去想、去感受。

为了加强融洽关系和创造更深层次的连接，你可以站在对方的稍微往左一点的方向，将你的右眼与对方的右眼对齐。你将发现这种技巧能产生令人惊讶的效果。

视觉阻断或斜视

当你提出一个问题时，如果客户莫名其妙地做出了斜视的动作，这表明他们在潜意识层面想要回避你的问题，他们的回答很可能是不真实的。这被称为"视觉阻断"。

此外，人们在阅读或者听到他们不同意的内容时也会做出斜视的动作。这是人们无意识表现出的肢体动作，能帮助你有效地判断客户的想法及他们所提供的信息的真假。

✐金玉良言

如果你发现客户莫名其妙地做出了斜视的动作，那么你就要考虑他们所说的是不是实话了，除非他们的眼睛本来就黯淡无光。你可以向客户提出问题，根据你在本章中学到的知识来确定他们所说的是真是假。

点头

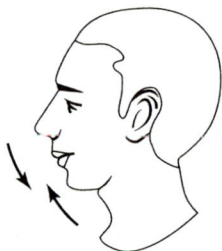

图 15-7　点头

在提问的时候，点头有助于引导对方作出积极回应。恰当地运用点头这种动作，可以帮助你减少对方的抵触心理，增强对方对你的信息的响应性。

✍金玉良言

在提出"是吧""对吗"等附加疑问时，看着客户的右眼，点三次头。不断练习，你将发现在大多数情况下，与你沟通的人会点头表示同意，即使他们并不同意。

倾斜头部

将头部倾向于一边表明你很感兴趣，有时表示好奇或疑问，尤其是当头部同时向前移动时。如果你看到客户将头部往一边倾斜并同时向后移动，那么这意味着他们不太确定或者不太相信你。

图 15-8　倾斜头部

图片来源：Compassionate Eye Foundation/David Oxberry/Getty Images

金玉良言

认真地倾听客户说话，在适当的时候将自己的头部稍微偏向左边或右边，以此向客户表明你对他们所说的很感兴趣。这能加强你们的融洽关系，消除抵触心理，增强响应性。

让头部静止不动

我已经讲述了点头和倾斜头部，一些人倾向于在说话时频繁晃动头部。但是在某些场合，你需要让头部静止不动或者在小范围内缓慢移动来表明你的严肃、自信和权威。连续移动头部、弯腰低头和快速移动眼球都表明一个人正面临威胁或社会地位较低。

当头部静止不动时，你更加容易通过恰当的目光接触来观察别人。有趣的是，如果你让头部固定不动或者缓慢移动，其他人会将你判定为具有较高的社会地位、较多的工作资历的人。

头部动作和真假

当一个人回应你的问题或陈述时做出摇头的动作，他所说的很可能是真实的。如果他在说完话之后动了动头部，那么他很可能说了假话，这时你要进一步提出试探性问题。

眉毛上扬

图 15-9　眉毛上扬

图片来源：PhotoAlto/Eric Audras/Getty Images

向其他人扬起眉头表明你很友好、开放和自信。这种动作清晰地传递出了渴望其他人关注的信号。你可以在单一的水平面上缓慢移动头部，然后扬起眉头，同时看着对方，这表明你渴望对方关注你并对你作出回应。

主动迎接

充满魅力和自信的人喜欢在自己的空间与他人交流。对你而言，以客户为中心是至关重要的，所以当你第一次见客户时，你应该主动走向前去与他们握手，而不是等着对方走过来。

■ 本章小结 ■

- 在做演讲或介绍产品时，减少手掌朝向下方的次数，以免被认为你具有很强的控制欲。
- 自然地将你的手掌朝向上方，以此表明你很开放和值得信赖。
- 捏压你的大拇指和食指，将注意力集中在特定要点上（不要在巴西做这个动作）。
- 尽量不要将你的手贴近你的嘴，观察你的客户是否有这个习惯。
- 做出尖塔手势表明你高度自信。
- 放轻松，不要紧握你的双手。
- 在你提出问题以求得到客户的肯定答复时，点三次头。
- 倾斜你的头部，向客户表明你很感兴趣。如果你的客户这样做，这至少表明他们对你的产品/服务感兴趣。

- 将你的右眼与客户的右眼对齐，这能加强你们的融洽关系。

- 缓慢地移动你的头部。

- 眉毛上扬表示你很友好和开放。当这种肢体动作与缓慢的头部移动相结合时，这表明你渴望对方的关注。

第 3 部分
有说服力的
提问技巧

如果你在网上搜索"提问技巧",会有大量信息塞满你的屏幕。为了更准确地查找你想要的信息,你可能会搜索"适用于销售员的提问技巧"。显然,网上有大量关于"提问技巧"的文章。在你进一步阅读本书之前,你需要明白使用提问技巧的目的是说服对方。下面是两个大多数人都需要仔细思考的至关重要的问题。

- 为了掌握有说服力的提问技巧,什么是重要的?
- 掌握有说服力的提问技巧能带给你什么优势?

在思考这些问题时,至关重要的是你要意识到提出和思考这些问题不只是一个让你找出能驱使你取得进步的相关信息的过程。不要忘了,客户是否选择你的产品或服务取决于他们是如何看待你的产品或服务的,而不是你是如何看待你的产品或服务的。准确地提出问题和清晰地表达你的看法能帮你积极地将关于你的产品或服务的建议和观点植入客户的潜意识中,悄悄地影响他们的看法,促进他们做出购买决定。

恰当的结构化问题能帮助你达到如下这些目的。

- 积极影响客户对你的产品或服务的态度。
- 为后面说服客户奠定基础。
- 增强你的影响力。

你一定要记住，提问技巧是你最终的说服工具。你越能熟练地使用提问技巧，就越能轻易地说服他人。没有人会在面对别人提出的问题时无动于衷。当你提出一个问题时，听者或读者会自动搜寻答案，这完全是无意识的。提问具有非常强大的作用，因为只需要简单地提出一些问题，你就能引导他人的关注与思考。你一定要询问客户，而不能只是向他们陈述你的观点。法国思想家伏尔泰（Voltaire）说过："通过提问而非回答来了解一个人。"

提问的人在交流过程中总是占据着领导位置。不要被他人的问题绑架，而是要通过提问来引导他人。在本部分，我将介绍几种提问技巧，你可以使用它们向他人植入建议和观点，引导他人按照你希望的方式进行思考。此外，为了确保你能为以后的商务会谈做好全面的准备，我还将带领你提前预测可能出现的结果，向你介绍各种专门设计的、能帮助你说服客户的问题。

在本部分，我将重点关注以下几种问题类型。

- 预设问题。
- 附加疑问。
- 功能强大式问题。
- 未来测试式问题。
- 标准问题。

第 16 章
预设问题：将预设
信息融入你的问题中

通过提问，我们会变得睿智，即使无人给出答案。因为巧妙包装的问题本身就包含了答案，就像蜗牛本身就自带外壳。

——爱尔兰小说家和诗人詹姆斯·斯蒂芬斯

（James Stephens）

学会使用有强大说服力的预设问题对你来说意味着什么？

对于增强你说服客户、同事、老板的能力，一种非常简单的方法就是调整你的语言模式，将预设问题巧妙地融入你的交流过程中。

实际生活中存在大量的预设问题，我们会经常无意识地使用它们。请你思考这个问题：提出具有强大说服力的预设问题除了能帮助你获得你想要的信息以外，还能带给你什么优势？在本章中，你将学会如何在不知不觉中运用预设问题，并且通过这种方式来引导客户接受你希望他们相信的观点。

预设问题有何特别之处

预设问题包含一些对听者而言绝对真实的预设信息，听者在这些预设信息的基础上给出答案。作为说服者，我们应用这种技巧来交流某些预设情境，引导客户对我们的询问作出回应，控制谈话内容。最重要的是，我们希望客户按照我们预想的方式思考。

下面是一些关于预设问题的案例。

第 16 章
预设问题：将预设信息融入你的问题中

经典案例

案例 1

说服者： 在本书中你最喜欢的说服技巧是什么？

预设信息： 你有最喜欢的说服技巧，而且它被包括在本书中。

案例 2：

当你读完本书，你会向哪位同事分享你从中学到的说服技巧？

预设信息： 你会阅读本书的每一章，学会其中一些说服技巧，而且你有同事，你愿意与同事分享信息。

预设问题如何发挥作用

- 大多数人在做决定时都会纠结犹豫，预设问题能让我们帮助他们更快地做出选择，但他们不会意识到自己的选择受到了我们的影响。

- 作为说服者，我们自己有时也会有所疑惑。我们能听到内心深处的低语："如果客户拒绝了我，那该怎么办？"因此我们需要想好万全之策，练习使用预设问题，这能让我们在与客户交流时跳过询问客户是否对产品或服务感兴趣的阶段，直接进入询问客户对产品或服务的哪些方面感兴趣的阶段。随着交谈的进展，我们就能更加了解客户并明确他们的需求。

下面是一些关于预设问题的更复杂的案例。

📖 经典案例

销售人员介绍完产品之后说：你对我的介绍的哪些部分更感兴趣？

预设信息：客户对某些部分更感兴趣。

供应商对客户说：提前审查下一年的财务状况，你考虑添加哪一款产品？

预设信息：在下一个财年你们的合约将会更新，另一款产品更适合。

咨询师对潜在客户说：对你来说，与像 XYZ 这样的咨询公司合作有什么重要意义？

预设信息：客户可以与 XYZ 合作，这种合作关系对客户来说具有重要意义。

员工对顶头上司说：我上个月在哪些方面表现得特别突出？

预设信息：员工上个月在某些方面表现得特别突出，顶头上司清楚员工的表现。

消费者对销售人员说：今天你能给我提供什么优惠？

预设信息：今天商家有优惠。

不是所有问题都需要回答

你对预设问题了解得越多，你就越清楚我们提出的大多数问题都是包含预设信息的问题。有时，我们有目的地提出预设问题，只是为了植入建议，将谈话内容引向下一个主题。

📖 **经典案例**

> 说服者：谁知道下一次停电会在什么时候发生？如果你们不能立即更新电力系统，我很乐意看到你们的竞争对手取代你们。

> 在上面这个案例中，说服者并不想要对方给出确切答案，而是想强调故障一定会发生，电力系统应该立即更新。

✒️ **金玉良言**

除了通过向客户提问来获取信息，你还可以构建预设问题来引导客户思考，从而达到你想要的结果。有针对性地指出预设信息，在此基础上与客户进行交流。

我举一个例子。你不能像下面这样问客户。

说服者：你认为这有用吗？

客户对这种问题的回应只会是肯定或者否定。如果他们很友好，可能会多提供一些信息。你应该像下面这样询问客户，这样才能让客户积极响应。

说服者： 你如何看待这种产品 / 服务带给你和你的公司的优势？

为了回答这个问题，用户必须开启一场心理之旅。他们会描述这种产品 / 服务具有哪些优势，以及这些优势对他们和他们的公司有哪些重要的意义。

这个问题预先假设这种产品 / 服务是有价值的。在这个例子中，说服者通过提问积极引导了客户的思维，让他们去思考这种产品 / 服务能带来的优势。这位说服者没有询问客户是否对其产品 / 服务感兴趣，而是假设客户已经产生了兴趣。不管客户如何回答，都会给他提供有用的、独特的信息。然后，他就可以根据这些信息确定之后的推销策略，满足客户的个人需求。

✎ 金玉良言

关注你想要的结果，精心设计你提出的问题，确保你总是能得到你想要的信息。

请你思考下面这些在本章前文中出现过的问题。

● 学会使用具有强大说服力的预设问题对你来说意味着什么？

这个问题中包含的预设信息是学会使用预设问题对你来说具有重要意义。只要你开始思考这个问题，你就已经认同了这种预设信息。

- 提出具有强大说服力的预设问题除了能帮助你获得你想要的信息以外，还能带给你什么优势？

这个问题中包含的预设信息是提出预设问题能帮助你获得你想要的信息，还能给你带来其他优势。在回答问题时，你已经认同了这种预设信息。

此外，这两个问题都暗藏了相同的信息：预设问题的作用是潜移默化的。

为了加强预设问题的作用，让我们回顾前面提到的"意识模式"。有一些词语能增强人们对这些词语之后的内容的意识，而这些内容都是预设信息，都会被认为是真实的。当我们使用这些词语描述任何一种产品或服务的优势时，唯一的问题就是客户是否意识到了这些优势。关于意识模式的词语包括注意到、看到、意识到、发现、体验到等。

这些词语可以与预设问题相结合，如下。

- 你是否注意到……
- 你是否意识到……
- 你是否发现……

这种问题让听者关注的重点变成了他们是否注意到、意识到、发现你所陈述的内容，他们不会关注你所陈述的内容是否全部属实。

当我们通过意识模式和预设问题给出我们希望对方接受的信息时，对方很少会挑战和质疑我们。这种方式与直接给出信息相比更具说服力。

📖 经典案例

- 你是否意识到一旦你开始运用预设问题，你将会取得更大的成就？

这里的预设信息是一旦你开始运用预设问题，你将会取得更大的成就。唯一的问题是你是否意识到了这一点。

- 在你采用了我们的会计软件后，你将会发现你们团队制作财务报表的效率大大提高。

这个陈述句指出了这款会计软件的优势，但问题是客户是否认同这一点。

- 你是否意识到在你采用我们的这款为你们量身定做的会计软件后，你们团队的工作效率会大大提高？

这个预设问题同样指出了这款软件的优势，即能提高工作效率。问题不在于这种优势是否存在，而在于客户是否意识到了这种优势。

■ **本章小结** ■

- 谨慎地运用提前准备好的预设问题，引导客户思考，从而说服客户。
- 预设问题能促使你的客户更快速地做出决定。
- 你可以使用预设问题将谈话内容引向你的产品或服务的优点，不要引向缺点。
- 将内在表征、意识模式与预设问题结合起来，这能加强预设问题的影响力。
- 使用预设问题植入建议和观点，明确客户对你的产品或服务的哪些方面感兴趣。
- 对于预设问题的回答并不总是需要的。

提前做好准备，明智、灵活地运用预设问题，这能大幅度地增强你的说服力。只有想不到，没有做不到。

第 17 章
附加疑问：获得客户自发的认同

如果你没有提出正确的问题，你就得不到正确的答案。一个以正确的方式提出的问题往往会指向你想要的答案。

——英国作家爱德华·霍德尼特（Edward Hodnett）

如果存在一种语言模式能毫不费劲地让客户同意你的看法并且对你的产品或服务形成积极的感受，你一定会考虑运用它，对吧？

不管是否存在这种语言模式，你很有可能会回答"对"。上面这段话很吸引人，最后的"对吧"可以轻易地促进你认同整段内容。

这里的"对吧"就是附加疑问，这种简短的问句旨在让听者无意识地同意你前面所述的内容，同时还能让他们确定自己已经理解了你的意思。我们大多数人都会在不知不觉中使用附加疑问，但是如果我们有目的地使用它们，就能大幅度地增强说服力。

听众和读者在遇到附加疑问时几乎不可能有抵触心理。如果在你使用附加疑问时客户点头表示同意，那就意味着你已成功地掌握了这种技巧。令人意想不到的是，即使有时你说出某些你并不期望客户能接受的话，你也会发现他们本能地点头。这就是附加疑问的强大作用。

关于附加疑问的例子

这些简短的问句放在陈述句的最后，具有很强的获得对方赞同的作用，而且通常不需要对方回答。

● 对吧？

- 是吗？
- 好吗？
- 不是吗？
- 可以吗？
- 明白吗？

如果你想学会运用附加疑问的正确方法，本章最后提供了一些指南。然后，重要的是不要过度考虑附加疑问的语法问题，我们大多数人都会无意识地遵守这些准则。

✍金玉良言

观察其他人如何无意识地使用附加疑问，尤其是当他们与你交流时，并留意它们给你带来了什么感受。在你使用附加疑问时，你要仔细观察对方的反应。想象一下，当你开始有目的地使用这种技巧时，你将变得更有说服力。

加强附加疑问的效果

为了加强附加疑问的效果，我们可以补充和结合以下三种元素，从而实现质的飞跃：

- 植入式要求；

- 声调；
- 肢体语言。

植入式要求

我将阐释植入式要求是什么意思以及我们为什么要使用它们。

植入式要求是一种不会被听众在意识层面察觉的建议。如果你直接给某人建议，他们可能会排斥你，甚至遵循相反的提议。然而，当你使用植入式要求时，你表面上是在谈论别的事情，其实你是在不知不觉中潜入了对方的潜意识层面，减少了对方的抵触心理，让对方接受了你的看法。

你可能觉得这听起来太复杂了，因为一时之间你吸收了大量关于附加疑问和植入式要求的信息。我希望你可以明白将这两种技巧结合起来能产生非常有效的作用，你可以吗？

将附加疑问和植入式要求结合起来是非常有用的组合式语言模式，能在不知不觉中影响客户的看法，产生令人惊讶的效果。

在我给出案例之前，先让我们评述前面的一段内容。

说服者： 你可能觉得这听起来太复杂了，因为一时之间你吸收了大量关于附加疑问和植入式要求的信息。我希望你可以明白将这两种技巧结合起来能产生非常有效的作用，你明白吗？

大多数人不会注意到这段话中的植入式要求，即你应该思考你所吸收的大量关于附加疑问和植入式要求的信息。

关于植入式要求的案例

最好的植入式要求通常都很简短，下面列出的词语都是你可以使用的植入式要求：现在购买、现在开始、签订合同、与我合作、试试看、给我打电话。

📖 **经典案例**

想象一下你正在与一位客户交流，听到对方指出了一些重要信息。你可能会说："你说得对。那么，你也许对我们的产品/服务的这些方面感兴趣，对吧？"

在这种陈述中融入的植入式要求是"感兴趣"。你发现了这一点，对吧？

请你在下面的附加疑问中找出植入式要求。

- 尝试做这件事是一个好主意，你觉得对吗？
- 这种价格结构符合你的要求，是吧？
- 我相信你希望现在就着手去做这件事，是吧？
- 当你采用我们设计的办公系统时，你们团队的业绩将大大提升，对吧？
- 最终，你会发现我们的产品能帮助你取得更大的成就，对吧？

上面每一个例子都包含一个植入式要求，而且每一个附加疑问都会得到肯定的回答。

声调

第二种能加强附加疑问效果的元素是抑扬顿挫的声调。其中的秘诀是压低你的声音，在表达附加疑问时稍微放慢语速。如果你提高你的声音，你听上去就像是在寻求对方的核实，而不是很自信地将你提出的要点当作事实。

🖊金玉良言

通常而言，提高你的声音会无意识地表明你不确定自己所说的。如果你发现你习惯性地提高声音，那么为了提高你的说服力，你需要练习控制你的音调，在提出附加疑问时压低你的声音。

肢体语言

第三种能加强附加疑问效果的元素是肢体语言，恰当地运用肢体语言还能让植入式要求更加深入人心。在你使用附加疑问时，盯着对方的眼睛，轻微地点三次头。

点头有点像打哈欠，都是可以传染的。此外，点头具有催眠作用，是一种微妙而强大的说服工具。你应该将它纳入你的说服工具箱里。

练习使用附加疑问，将其与植入式要求、恰当的声调和肢体语言结合起来，你将惊讶地发现获得客户的认同是非常容易的。

附加疑问的使用规则

下面是你应该遵循的关于正确构建附加疑问的规则。你不必仔细思考它们，只需要熟练掌握即可。

- 附加疑问必须与前面陈述的内容是一致的。
- 附加疑问不是表示疑问和不确定，你需要注意你的声调和肢体语言。
- 附加疑问的目的是让对方肯定你前面陈述的内容。
- 使用附加疑问时，要保证句子的通畅。

■ 本章小结 ■

- 附加疑问是放在陈述句后面很简短的疑问句，用来促进他人给出肯定的回应。
- 练习在你的推销过程中使用附加疑问，大声说出它们。向你的家人和朋友使用附加疑问，观察他们的反应，不要告诉他们你的把戏。
- 将植入式建议与附加疑问结合起来，这是一种非常强大的说服技巧。
- 在你使用附加疑问句时，看着客户的眼睛，点三次头。
- 不断练习使用附加疑问句，直到你能自然而然地使用它们。

第 18 章
功能强大式问题：打开客户的心扉，悄悄植入建议

给你灵感的并非答案，而是问题。

——法国剧作家欧仁·尤内斯库（Eugène Ionesco）

在本章中，我要探讨的是哪些问题比其他问题更具说服力，如何通过提问植入建议和引导客户的思考。此外，我认为你有必要根据具体情况选择使用开放式问题或是封闭式问题。

各种各样的问题

美国教育心理学家本杰明·布鲁姆（Benjamin Bloom）根据问题的复杂水平将其分为六类，这被称为"布鲁姆问题体系"（Bloom's Hierarchy of Questions）。下面是对这种理论的总结。

问题复杂程度	问题类型	回答问题时所需的能力
级别 1	基于知识的问题	识别、收集和回忆信息
级别 2	理解型问题	在比较浅的层次进行思考，大致理解相关信息
级别 3	应用型问题	将了解到的信息应用于其他场合以解决问题
级别 4	分析型问题	系统地检查信息以应对挑战
级别 5	综合型问题	使用创造性思维找出解决方案
级别 6	评估型问题	评估信息、方案是好还是不好

级别 1 是基于知识的问题，这种提问技巧是最简单的，被用于收集信息。在英国著名诗人和小说家鲁德亚德·吉卜林（Rudyard Kipling）写出了一首关于这种问题的短诗后，它们也被称为吉卜林问题。下面是这首短诗的一部分。

我有六个忠实的仆人（他们教给我一切）；

他们的名字是：

什么；

为什么；

何时；

如何；

哪里以及谁。

以这些词语开头的问题自然都是开放式问题，能引出不同形式的信息，在不同程度上有效地发挥着作用。

开放式问题

使用下面这些词语提出问题能保证问题是开放式的、具有预设前提的和强大的。

作用较小的问题 ←－－－－→ 作用较大的问题
哪些　　谁　　何时　　如何　　什么／怎么样

以"如何"开头的问题假定"如何"一词后面的内容是应该去做的；以"什么"开头的问题通常能引发更加深刻的思考，让人看到本质；"怎么样"这种问题给出了一种可供选择的方案，能引导你的客户去想象和思考某些情境，因此能产生非常强大的影响力。

封闭式问题

封闭式问题让对方在"是"和"否"之间做出选择，通常包含但不限于下面这些词语。

是否　能否　愿不愿意　想不想

何时使用封闭式问题

在见面之初，人们总是更喜欢先提出开放式问题，然后逐渐缩小话题，提出更加具体的、有针对性的问题，最后才提出封闭式问题。开放式问题比较随意，不太具有威胁，而且能引出大量信息。它们有利于建立融洽关系，将谈话内容引向你的目标。

当客户逐渐进入与你谈话的状态，适应了你所提出的试探性的开放式问题，你就可以开始提出更具目的性的、包含预设前提的问题，而且你可以在这种问题中使用内在表征和意识模式。

内在表征词

下面的词语可以有目的地帮听众或读者开启一场想象的心理之旅。无论他们想象什么内容，对他们来说都是独特的。

- 思考一下……
- 请你沉思几分钟……
- 考虑一下……

- 如果……会怎么样？
- 当你想象……时你觉得怎么样？
- 想象一下……
- 反思或回顾一下……

意识模式词

提及意识模式词时，我是指一些能让人们相信这些词后面的预设信息都是真实的词：

- 意识到……
- 注意到……
- 看到……
- 发现。

使用这些词能让你的客户将思考的重点放在他们是否意识到你的产品或服务的优势上，而不是这些优势是否真实存在。如果你能在运用意识模式后增添封闭式问题，你将能清楚地表明你的需要并获得客户的承诺。

📖 经典案例

功能强大式问题

销售专家可能会向潜在客户提出下面这些问题。它们都很强大，需要潜在客户进行深刻的思考。通过经常阅读这些问题，也许你能吸收它们，根据特定的销售情境将它们融入你的商务风格中。

1. 为了达到你的目标，你需要什么？

回答： 我们需要精简机构，削减成本，提高生产力。此外，我们还面临着服务流程规范化的问题。

分析： "什么"是一种应用广泛、作用强大的开放式问题，能带来尽可能多的信息。这个问题存在预设前提，即客户需要某些东西来达到目标。

2. 是什么让你意识到你需要 XYZ？

回答： 我们公司的 IT 服务还不规范，而且 IT 部门浪费了大量资金，因为我们过度依赖出价很高的承包商。

分析： "什么"作为一种功能强大式问题能进一步引出相关信息，而且它可以与意识模式词结合在一起。这个问题也存在预设前提，它假设客户需要 XYZ，而且客户意识到了这一点。它还包含植入式要求，即"你需要 XYZ"（这里的 XYZ 是指你的产品、服务或者你的公司）。

3. 你能想象自己可以像这样坚持多久吗？

回答： 不能，我无法想象，因为……

分析： 这个封闭式问题使用了内在表征词。"想象"一词引导客户想象继续使用某种产品会产生什么影响，客户的否定回答表明了他们不愿意坚持下去。

4. 你如何看待我们的产品满足了你们的需求？

回答： 你们的产品能让我们在第四季度之前达到 90% 的
自动化程度，节省 75% 的成本。

分析： "如何" 这种问题的重点在于后面的动词。在这个
例子中，客户要思考的是如何看待这种产品与他们
的需求之间的关系。客户可能会说："我希望你能
指出你们的产品能满足我们的哪些需求。"这是很
好的回答。销售专家可能会继续说："当然。请你
告诉我，你们想要达到的目标是什么？"这样一来，
对话就会进行下去。

5. 你现在是否需要削减成本？

回答： 是的，因为……

分析： 这是封闭式问题，回答是肯定的。这个问题中包含
植入式要求，即削减成本，而客户倾向于给出肯定
的回答。

6. 你是否需要在接下来 5 个月里启动这个流程？

回答： 是的，因为……

分析： 这个封闭式问题引出了肯定的回答，而且也包含植
入式要求，即启动这个流程。

7. 哪个解决方案最让你感兴趣？是 A 还是 B？

回答： 两个方案看上去都不错，然而选项 B 更符合我们
的要求。

分析： 这是一个经典的、具有预设前提的封闭式问题。它
假设有一个方案能让客户感兴趣。然而，你需要谨
慎运用这种问题，充分考虑语境。

📝 金玉良言

先用开放式问题，再用封闭式问题。封闭式问题能引导你
的客户确认他们在之前已经陈述过的关键信息。

如何通过使用封闭式问题来使关系进一步融洽

当你提出封闭式问题时，你的客户会给出肯定或否定的回答，
而且有时他们会用"因为"一词给出理由。这些理由非常关键，因
为它们揭示了某些连客户自己都不知道的关键信息。一旦你抓住了
这些关键信息，你就能确定客户的行为动机，引导客户的思考，从
而达到你的目的。

对于说服者，有些信息是必不可少的，比如客户的动机方向。
每个人在谈论自己明显感兴趣的领域时都会用不同风格的语言来表
达自己的看法，他们会趋近能帮助他们完成目标的事物或者逃避会
阻碍他们达到目标的事物。为了成为卓越的说服者，你要了解客户

的动机方向和语言风格，学会像客户那样说话，这样你就能加强融洽关系，减少抵触心理，增加响应性。

具有趋近动机的人经常使用这些词语表达看法：**完成**、**取得**、**达到**、**获得**、**赢得**、**确保**、**收益**、**优势**、**好处**等。

具有趋避动机的人经常使用这些词语表达看法：**废除**、**避免**、**消除**、**排除**、**修复**、**离开**、**应对**、**防止**、**停止**等。

下面是两个根据动机方向以不同的方式回答同样的问题的例子。

1. 你现在是否需要削减成本？

回答：是的，因为当我们减少成本时，我们的利润率就会增加，最终就能让我们公司发展壮大起来，确保我们占领更多的市场份额。

分析："增加""发展壮大""确保"这些词语表明这位回答者具有趋近动机。

2. 你现在是否需要削减成本？

回答：是啊，因为价格战在逐步升级，我们不得不减少额外开支，防止预算超出控制。另外，我们不得不面对裁员和关闭部分店面。我们不能再让事情愈演愈烈了。

分析：同样的问题能产生截然不同的回答。"减少""防止""关闭"这些词语表明这位回答者具有趋避动机。

在工作环境中，40% 的人具有趋避动机，40% 的人具有趋近动机，20% 的人位于两者之间。一旦你根据客户的语言风格判断出他们的动机方向，你就可以有选择性地使用相应的词语与之继续交流下去。这种微妙的语言技巧能使关系进一步融洽，天衣无缝地让你与客户产生共鸣。

在问题中植入建议

当我们提出问题时，我们在一定范围内主导着客户的思考，让他们作出我们希望看到的反应。

功能强大式问题产生的效果不只是引出大量信息，当它们与植入式要求结合时还能产生强大的说服力。我们使用功能强大式问题悄悄潜入客户的大脑，将谈话内容引向我们希望客户思考和谈论的主题。为了有效地说服客户，关键在于，你在一开始就要明确你的目的和你想植入的建议，然后谨慎地构建你的问题。

为了阐释清楚这一点，我在下面的问题中植入了一些简单的、常见的建议。

植入式要求：住进这个房间

问题：如果你现在住进这个房间，你想对里面的布置做出什么改变？

分析：房地产经纪人可以提出这种问题，限定客户的回答范围。在这个预设问题中，房地产经纪人假定如果客户住进这个房间，他们会对里面的布置做出改变。对于这种问题，客户会想象自己住进了这个房间，对里面的布置做出一些改变。"住进这个房间"是一种植入式要求，能进入客户的潜意识！

请记住，客户的潜意识几乎不可能反抗你的说法，而且会认真思考你的建议，但是他们意识不到这一点。类似地，房地产经纪人还可以这样说："这是一个非常好的房间。如果我现在能住进来，我会增添一些厨具，你呢？"这种问题非常巧妙，因为房地产经纪人表面上是在说自己，其实已经将"你可以住进来，对里面的布置做出一些改变"植入客户的潜意识里了。附加疑问"你呢"的作用是获得客户的认同，人称代词的转换能让客户强烈地意识到前面的内容。

植入式要求：准备购买

问题：在你准备购买这款产品之前，你需要我提供更多的信息吗？

分析：这种问题看上去很坦诚，表面上是鼓励客户寻求更多的信息，实际上是让客户在不知不觉中"准备购买这款产品"。类似的问题还有："在你做决定之前，你需要我提供更多的信息吗？"

植入式要求：想要

问题：如果你真的想要这辆车，理由是什么呢？它可以让你带着你的家人出去游玩，还是它能给你的工作带来便利？

分析：这个功能强大式问题假设"你真的想要这辆车"。在你思考"理由是什么"时，这个假设已经顺畅地进入了你的潜意识。

问题格式

本章中提及的问题基本上遵循下面的格式。

> 植入式要求 + 产品 / 服务能带来的优势或相关信息 + 提问

你可能已经注意到上面这些问题中没有出现"为什么"一词。虽然"为什么"一词在某些情况下具有强大的影响力，但是我建议你尽量少用这个词，因为它听上去像是在审问客户，可能会引起客户的抵触心理。如果你反复使用"为什么"，你可能会引起客户的敌对情绪。在大多数情境中，你可以询问客户"你的理由是什么"来代替"为什么"。"什么"和"如何"之类的问题具有强大的内在力量，易于被客户接受。

金玉良言

- 正确构建开放式或封闭式问题将帮助你产生巨大的影响力。
- 当你希望客户给出肯定或否定的回答时，用"是否""能否""愿不愿意"等提出封闭式问题。
- 提前构思你的问题，确保你能得到你希望得到的答案。
- 在交流过程中恰当地嵌入意识模式词和内在表征词，比如，注意到、意识到、看到、发现、想象一下、思

考一下、如果……会怎么样。这些词能戏剧性地增强
提问的效果。

- 不要将问题过度复杂化，因为客户更容易接受和准确
  回答使用熟悉的日常词语的问题。

- 在问题中使用植入式要求时，尽量保持语言的简洁。

现在你已经意识到当你提出功能强大式问题时，你具有巨大的
说服力。当你想象如果你没有成功说服客户会发生什么时，你会很
担忧，对吧？想象一下，你被客户拒于门外，为竞争对手创造了机
会。你已经意识到当你越接近销售目标时，你会越焦虑，越容易陷
入挣扎，对吧？

请你思考一下，销售行业的竞争越来越激烈，你的老板给你定
下的销售目标越来越高，但奖金却没有被相应地提高。如果你觉得
销售工作太苦太累，每个月的工资不稳定，你会怎么想呢？此外，
随着人工智能的发展，销售行业需要的工作人员可能越来越少，这
是否也是你需要面对的现实？是吧？

看到你在销售行业坚持下来并取得成就，我会感到很欣慰，因
为我的目标是帮助你提高说服力，降低你的失败率，尽量确保你能
拿下每一位客户。如果你按照本书的内容不断练习，你将很快掌握
说服技巧，实现质的飞跃。现在，销售人员们也许已经准备好充满
热情地练习说服技巧和面对客户了，是吧？

■ 本章小结 ■

功能强大式问题具有以下特征或作用。

- 它们能引人深思，促进客户反思他们自己的观点，并给出深层次的答案。
- 它们能让你引导客户的注意和思维，帮助你获得大量信息。
- 它们能让你植入预设信息，而客户容易接受这些预设信息。
- 功能强大式问题中可以包括植入式建议和无法被客户察觉的要求或指令。
- 它们能激起客户的好奇，提高他们的兴趣。
- 它们能帮助你引导客户，从而达到目标。
- 它们能推动你与客户的谈话向前发展。
- 你可以向客户使用这种语言结构来植入建议：如果你想要 / 需要……我的产品 / 服务能给你 / 你的公司带来什么好处？
- 你可以先提出开放式问题，再提出封闭式问题，这能让客户确认和认同你所陈述的内容。
- 吉卜林问题是开放式问题，包括"为什么""什么""谁""如何""哪里""何时"六种类型。我增添了"哪个"和"如果……会怎么样"两种类型。

- 封闭式问题让对方在"是"和"否"之间做出选择，通常包含"是否""能否""愿不愿意""想不想"等词。

如果客户以"是的 / 不是，因为"来回答你的封闭式问题，你要注意倾听他们在"因为"一词后面使用的词语，因为这些词语能揭示客户的动机方向。如果你能根据客户的动机方向和语言风格与客户进行交流，那么你就能加强你们之间的融洽关系。

- 包含"如何""什么""如果……会怎么样"和"哪里"等词语的问题比包含"谁""哪个""何时"等词语的问题更有影响力。

你很可能在日常生活中经常使用这些问题。现在你要在恰当的时候有意识地运用它们来获得信息和植入建议，有效地引导和说服客户。

第 19 章
未来测试式问题：让客户渴望你的产品或服务

有时问题比答案更重要。

——美国作家南希·威拉德（Nancy Willard）

未来测试是什么，如何使用它

我非常高兴地将本章标题中提到的问题类型视为"未来测试式问题"，因为这种问题鼓励你的客户在心理层面上走进未来，想象未来的糟糕场景。

这种语言模式被称为"未来测试"，是神经语言程序学领域的专业术语。这个名称得到了公认，而且我在本章中后面的部分也采用了它。它发挥作用的方式是鼓励客户去想象如果他们不接受你提供的产品或服务，他们的生活会受到什么消极影响。对于这种说服技巧，融洽关系是其基础。没有融洽关系，这种技巧就不可能成功。

在关键时刻，你可能想知道如何实现"未来测试效应"以及促使客户积极看待你的产品和服务或者促使客户去做你希望他们做的事情。有趣的是，在第 18 章的末尾部分你已经通过未来测试踏上了遥远的未来之旅。你能回忆起自己读过下面的几段内容吗？为了醒目，我用数字标出了我在前面提到过的特殊的语言模式和技巧。

现在你已经意识到（1）当你提出功能强大式问题时，你具有巨大的说服力；当你想象（2）如果；（3）你没有成功说服客户会发生什么时，你会很担忧，对吧？（4）想象一下；（5）你被客户拒之门外，为竞争对手创造了机会；（6）你已经意识到；（7）当

你越接近销售目标时，你会越焦虑，越容易陷入挣扎，对吧？（8）
请你思考一下；（9）销售行业的竞争越来越激烈，你的老板给你定
下的销售目标越来越高，但奖金却没有被相应地提高；如果（10）
你觉得销售工作太苦太累，每个月的工资不稳定，你会怎么想呢？
此外，随着人工智能的发展，销售行业需要的工作人员可能越来越
少，这是否也是你需要面对的现实？（11）是吧？（12）看到你在
销售行业坚持下来并取得成就，我会感到很欣慰；因为（13）我的
目标是帮助你提高说服力，降低你的失败率，尽量确保你能拿下每
一位客户。如果你按照本书的内容不断练习，你将很快掌握说服技
巧，实现质的飞跃。现在，销售人员们也许已经准备好充满热情地
练习说服技巧和面对客户了，你呢？（14）你能回忆起当你第一次
阅读上面几段内容时心里的感受和大脑里浮现的想法吗？

　　我通过提出很多问题有意地突出了这种技巧。这些问题的目的
是促使你想象凄惨的未来：你被客户拒之门外，被竞争对手超越，
被老板指责，你的月收入不稳定，工作没有保障。在上面几段内容
中，我使用了内在表征、附加疑问、意识模式和功能强大式问题，
促使你形成关于未来的图景并对想象中的悲惨未来产生强烈的厌
恶，因此你会努力掌握强大的说服技巧，将其运用于销售业务中，
以确保那种悲惨未来不会发生在你的身上。

　　让我们更加深入地评述上面几段内容中的技巧。

（1）	意识模式	意识到
（2）	内在表征	想象

（续表）

（3）	预设问题	如果……会发生什么
（4）	附加疑问	对吧
（5）	内在表征	想象一下
（6）	消极建议	你被客户拒于门外，为竞争对手创造了机会
（7）	意识模式	意识到
（8）	附加疑问	对吧
（9）	内在表征	请你思考一下
（10）	内在表征	如果……你会怎么想呢
（11）	功能强大式问题	这是否也是你需要面对的现实
（12）	附加疑问	是吧
（13）	因果逻辑	因为
（14）	附加疑问 / 代词转换	你呢

未来测试式问题的结构

这种技巧由两部分组成：在第一部分，我们引导客户想象一种糟糕的或不方便的未来场景；在第二部分，我们向客户保证这种场景不会发生，只要他们听从我们的建议，选择我们的产品或服务。

第一部分

使用内在表征词和意识模式词，提出"什么""如何""如果……会怎么样"等功能强大式问题，从而确保客户能形象地感知到消极的未来场景。

内在表征词	意识模式词
想象一下	意识到
思考一下	看到 / 观察到
如果……你会觉得怎样	体验到
回忆一下	发现

第二部分

第二部分是向客户提出建议，帮助客户解决困难，告诉客户你的任务就是确保那种消极的未来场景不会发生。

如何表达未来测试式问题

为了确保这种技巧能有效地发挥作用，你需要特别关注你的表达方式和声调。你最好采用非正式的交流风格，清晰地表达你的问题，不要有所强调。在面谈开始时，你提出一些宽泛的开放式问题，因为它们的目的是找出信息。请你记住，你提出有些虚夸的未来测试式问题的目的是植入建议和观点，你不需要也不必期待客户给出回答。如果在你提出未来测试式问题后客户非要与你辩论，那你应该以温和的方式及时转移话题。

如何将未来测试式问题的作用最大化

问一问你自己：除了你的产品能带给客户的明显优势以外，客户还想要什么特殊的信息？他们需要你的产品来达到某个目的（趋近动机），还是防止某些事情的发生（趋避动机）？

在构建未来测试式问题时确定客户的动机方向是特别有价值的，原因如下。

1. 当你以符合客户动机方向的方式与他们进行交流时，你们的融洽关系可以得到加强。

2. 确定客户的动机方向意味着你了解他们喜欢用哪种方式达到目标，因此你可以用他们喜欢的语言风格来形象地描述未来场景。

✍金玉良言

为了有效地使用未来测试式问题，在面谈之前你需要站在客户的立场回答这个问题："为什么不选择你的产品或服务不是一种好想法？"通过回答这个问题，你就能很好地构建未来测试式问题，抓住客户的痛点，生动地描述糟糕的未来场景。

未来测试与趋近动机

具有趋近动机的人会被他们能得到的事物所激励。在面向他们使用未来测试时，你要让他们想象他们无法成功地达到他们定下的目标时的场景。

未来测试与趋避动机

具有趋避动机的人会被强烈阻止某事发生或者避开某些妨碍他们达到目标的事物的愿望所驱使。你可以让他们想象他们最不愿意看到的糟糕场景。

想象未来的糟糕场景非常触目惊心，是吧？现在你已经意识到未来测试式问题和陈述具有多么强大的说服力，想一想在未来你没有成功地运用这种技巧时会发生什么。

享受这种技巧，广泛地将它用于你的生活，你将发现你的说服能力大有改进。

■ 本章小结 ■

- 一种非常强大的说服方式是激起他人对未来的想象，让他们看到如果他们不接纳你的建议会面临什么后果。这会给他们敲响警钟，促进他们确保想象中的糟糕后果不会发生，并且促进他们乐意接受你的帮助。
- 未来测试式问题与内在表征结合时能产生特别有效的作用，因为内在表征能很好地激起对方的想象。

- 谨慎地使用这种技巧，确保产生最大化的效果。

- 在提出未来测试式问题时，你没有必要期待对方给出答案，因为你的目的是植入建议和观点，给对方敲一个警钟。

第 20 章
标准问题：理解客户看重什么，满足客户的需求

信仰决定思想，思想决定语言，语言决定行动，行动决定习惯，习惯决定价值，价值决定命运。

——圣雄甘地

标准对我们而言具有重要价值，决定了我们做出什么样的选择。理解其他人做出决策的基础，能让我们有针对性地制定难以抗拒的说服策略。你是否思考过什么驱动了你的决策行为？如果你能理解影响客户消费决策的因素，你是不是就能更有效地说服客户？

做出决策时应遵循的标准或核心价值在我们的大脑中根深蒂固。标准问题能让我们了解客户的决策标准，从而更有针对性地介绍我们的产品或服务能带给客户的收益。通过提出标准问题，我们促使客户讲出和理解他们采取某种行动或做出某种选择的理由。一旦你抓住了这些理由，就能更好地说服客户选择你的产品或服务。

阶段一

方法一：如何发现你的客户的标准或核心价值

确定客户的标准或核心价值的过程比你想象中的要更加容易。首先，你要问客户一些功能强大式问题，并且你需要提前思考在何时以及如何提出这些问题。

在阶段一，你必须问客户的问题是："对你而言……有什么重大意义？""对于……你觉得什么是重要的？"当我们提出这样的问题时，客户会给出关于他们需求和预期的重要信息。这种类型的问题也被称为价值问题或者意义问题。

下面是几个案例。

📖 经典案例

- 对你而言，与我们公司 / 机构合作有什么重大意义？
- 对于你想购买的房子，你觉得什么是重要的？
- 对于你想购买的下一辆汽车，你看重的是什么？
- 对你而言，进行正确的投资意味着什么？
- 对你而言，去健身房锻炼身体有什么价值？
- 对你而言，将硬件设备升级有什么意义？

一旦你的客户回答了这类问题，你就掌握了他们做出决策时所遵循的标准。默记或写下客户使用的特定词语，这至关重要，因为你以后需要使用这些特定词语与客户交流。

想象一下，你正在向一个由各行各业的人士组成的团队做演讲，直接向团队中最有影响力的成员提出价值问题。这些成员可能是销售人员、工程师或者会计师，他们会站在特定的角度指出他们看重的价值，而这些价值会以不同的方式影响他们的决策过程。

方法二：如何发现你的客户的标准或核心价值

一旦你提出"对你而言……有什么重大意义"的问题，在某些情况下，你的客户会真诚地给出答案，而有时他们所说的并不是他们看重的核心价值，毕竟不是每一位客户都愿意一开始就将底牌亮给你。客户可能会给出模棱两可的答案或者泛泛而谈，这时你要继续提问，引导客户指出更深层次的核心价值。

📖 经典案例

说服者： 在我们进一步谈论之前，我想知道我是否可以问这个问题。对你而言，与像我们这样的猎头公司合作有什么重大意义？

客　户： 我所看重的主要优势是你们公司在这个行业内多年来保持着良好的合作记录。

说服者： 是的，拥有良好的合作记录至关重要。这对你们公司来说意味着什么？

客　户： 你们的专家团队能帮助我们找到目标人选，而且这个人能在入职第一天就能上手工作。

说服者： 听起来你们很重视招聘效率，希望员工在入职第一天就能上手工作。在对待招聘效率方面，每家公司都有所不同。对你们而言，员工在入职第一天就能上手工作意味着什么？

> **客　户**：我们面临着很大的压力，需要确保自己招到高质
> 量人才，推动公司业务向前发展。

客户最开始的回答是非常宽泛的"良好的合作记录"。说服者不断提出价值问题，引导客户进行深入的思考，最后客户指出了关键点："确保自己招到高质量的人才，推动公司业务向前发展。"通常而言，接连提出三个价值问题，你就能得到你想要的答案。想象一下你进一步提出价值问题："推动公司业务向前发展是非常重要的。你们希望公司获得怎样的发展？这种发展对你们意味着什么？"这时客户往往会给出经济利益和市场前景方面的答案。经济利益和市场前景通常而言都是促进客户选择你的产品或服务的非常强大的理由。

阶段二

结合核心价值与收益

现在，你可以使用客户使用过的词语将客户的核心价值与你的产品或服务能带给客户的收益结合起来。使用客户使用过的词语是非常必要的，因为这能让客户轻易地接受你的看法。换言之，客户认为你所说的正好是他们想要的。

📖 **经典案例**

　　回到前面的案例，客户说："我们面临着很大的压力，需要确保自己招到高质量人才，推动公司业务向前发展。"说服者可以这样回应客户。

说服者：你说得对。与其他猎头公司相比，我们的主要优势不仅是我们理解当前的人才市场，还在于我们知道如何挖掘高质量的人才。我们对人才市场的洞见能让我们帮助你们消除压力，确保你们的人力资源部门做出优异的业绩，并且确保最顶尖的人才加入你们的公司，推动你们向前发展。

分　析：这段话融合了客户的核心标准和说服者能带给客户的收益。客户看重的是缓解招聘压力，推动公司向前发展。说服者强调了自己的内在优势以及自己能帮助客户达到目标。

动机方向

　　一旦你找出了客户看重的核心价值，你就同时掌握了某种连客户自己都未察觉的信息，即客户的动机方向。让我们再次回到上面的案例。客户说："我们面临着很大的压力，需要确保自己招到高质量人才，推动公司业务向前发展。"

这位客户在回答说服者的问题时使用了"优势""确保""推动"等词语，这表明他倾向于趋近动机。说服者非常聪明地使用了同样的语言风格来回应客户。

说服者： 你说得对。与其他猎头公司相比，我们的主要优势不仅是我们理解当前的人才市场，还在于我们知道如何挖掘高质量的人才。我们对人才市场的洞见能让我们帮助你们消除压力，确保你们的人力资源部门做出优异的业绩，并且确保最顶尖的人才加入你们的公司，推动你们向前发展。

这段话非常巧妙地回应了客户的动机方向和核心标准，对客户非常有吸引力，让说服者自身的优势得到了客户的认同。

开场语

不断提出"什么""何时"等问题有时会让客户感到不耐烦，所以，为了避免提问偶尔会产生的消极影响，我建议在提问之前使用一些合适的开场语来调节气氛。下面我将复述说服者提出的问题。你能找出其中的开场语吗？

说服者： 在我们进一步谈论之前，我想知道我是否可以问这个问题。对你而言，与像我们这样的猎头公司合作有什么重大意义？

说服者： 是的，拥有良好的合作记录至关重要。这对你们公司来说意味着什么？

说服者： 听起来你们很重视招聘效率，希望员工在入职第一天
就能上手工作。在对待招聘效率方面，每家公司都有
所不同。对你们而言，员工在入职第一天就能上手工
作意味着什么？

在你将要提出的问题前，恰当的开场语能调节气氛，缓和你的
询问语气。你对如何运用开场语思考得越多，就越能自然地使用它们。
上面案例中的开场语如下。

- 在我们进一步谈论之前，我想知道我是否可以问这个问题。
- 是的，拥有良好的合作记录至关重要。
- 在对待招聘效率方面，每家公司都有所不同。

在提出问题之前你所使用的任何词语都可以被看作是开场语。

其他提问方法

许多人在交流过程中喜欢分散式的提问方法，而不是像上面
的案例那样接连提出问题。当你采用分散式的方法提出价值问题
时，你需要默记客户看重的核心价值，并且在恰当的时候将其反
馈给客户。

■ **本章小结** ■

- 当你的客户重复给出相同的答案，这说明这是他们所看重的核心价值。

- 观察客户的反应速度。通常而言，客户越快速地给出答案，表明他们越重视他们所说的话。如果你发现客户陷入沉思，或者遮遮掩掩，那么他们就不太可能会透露他们看重的核心价值。

- 你最多可以问三或四个标准问题。

- 在你试图提出标准问题之前，确保你与客户之间已经建立起了融洽关系。

- 值得注意的是，你应该在你对客户已经了解得差不多了之后提出"这对你而言有什么重要意义"这种问题，因为它涉及客户的底牌和所看重的核心价值。

PERSU

第4部分
准备好说服他人

ASION

第 21 章
向自己提问：准备好
应对可能出现的结果

"你能告诉我，我应该走哪一条路吗？"

"这取决于你想去哪里。"柴郡猫说。

"我不在乎去哪里。"爱丽丝（Alice）说。

"那么走哪一条路也就无所谓。"柴郡猫说。

"只要我能到达某个我喜欢的地方就行。"爱丽丝解释说。

"噢，你肯定能到达那个地方，"柴郡猫说，"只要你走得够远。"

——刘易斯·卡罗尔（Lewis Carroll），

《爱丽丝梦游仙境》（*Alice in Wonderland*）

在与客户交流时，你是否发现自己经常顾虑重重，拿不定主意，导致客户掌控了话语权，你只能在旁边听着？你是否感觉自己与客户失去了联结，不知所措？

在前面，我提到过我们要将注意力放在客户身上，向他们提出能帮助我们收集信息的问题，最重要的是植入建议。我非常了解提出功能强大式问题的重要性，但是你需要在与客户沟通前做好准备，在与客户交流时保持专注，这是你成功的基础。

在本章中，为了帮助你做好准备和保持专注，我将引导你向自己提出两种问题：笛卡尔式问题和会谈前的预测式问题。

向自己提问意味着什么

简而言之，这意味着专注和自知。我们要专注于与客户交流时可能发生的各种情况，知晓我们的产品或服务的优缺点，了解客户的需求和他们所处的环境，深刻理解我们的产品或服务与客户的关系。

第一种问题是笛卡尔式问题，以 17 世纪法国哲学家勒内 · 笛卡尔（René Descartes）命名。

笛卡尔被许多人奉为现代哲学的始祖。在我看来，一些关于说服技巧的基本原理深深地根植于笛卡尔的哲学理念中。我们可以向自己提出笛卡尔式问题，并且给出富有逻辑的答案。这些问题能让我们跳出常规的思维框架，留意到不同寻常的事情，从而加强我们对客户立场和需求的理解。

笛卡尔思考过的问题给我们留下了宝贵的财富，但是身处 21 世纪的我们有必要展示我们时代的特征，根据我们的特殊需求改进笛卡尔式问题。不管问题的形式如何变化，其结构仍然是相似的。

笛卡尔式问题

为了准备好向客户推销你的产品或服务，你需要全面而认真地回答下面这些问题。针对不同的客户，你的答案也应该是不同的。

1. 为什么选择你的产品 / 服务是一个好主意？

尽可能多地列出你的产品 / 服务的优点，因为你不知道哪些优点会打动客户。

2. 为什么不选择你的产品 / 服务是一个好主意？

你的客户和竞争对手可能会反对你的看法，向你提出这种问题。你需要确定你的产品 / 服务的优点，对它们进行重构，用下面的语言结构强调积极的一面。

问题不是 X，而是 Y+ 而且这意味着 Z+ 提问。

- X 是客户提出的不选择你的产品 / 服务的理由。
- Y 是你的产品 / 服务的优点，你希望客户看到这个优点。

● Z 是任何与 Y 有关的事物，能将你与客户的谈话引向你想
要的结果。

📖 经典案例

客　户： 我听说你们的售后服务非常差。很抱歉，我不愿
意购买你们的高价产品。

说服者： 问题不是你从哪里听说我们的售后服务非常差，
而是我们的产品质量很好，名誉很高，而且我们
专门根据你们的需求设计了这款产品。这意味
着你们的维修成本很低，因为我们的产品经久耐
用。让我们专门为你们设计产品，这对你们而言
是不是有着重大意义？

分　析： 在第 2 章中我提到过，重新定义包括两个部分。
在第一部分，说服者抓住客户所说的"听说"一
词做文章。重复说出客户的看法然后使用"而是"
一词表示转折，这是一种很好的说服方式，在不
知不觉中暗示客户所说的已经成为过去。在第二
部分，说服者使用"这意味着"强调这款产品的
优点。然后，说服者使用了"因为"一词，因为
这个词后面的内容是大多数人都乐意接受的。最
后说服者提出了一个"什么"类型的预设问题，
将谈话引向了最关键的领域。

3. 为什么选择你的产品／服务不是一个好主意？

回答这个问题需要你指出自己的产品／服务的缺点，这似乎是一个反常的问题。大多数销售专家都不愿意向客户指出自己的不足。心理学研究证实了这种反常问题的力量，因为当你指出自己的不足时，这种违背自身利益的行为会让你看上去很诚实。值得注意的是，你只能指出微不足道的缺点！

4. 为什么不选择你的产品／服务不是一个好主意？

这个问题能让你确定如果客户不选择你的产品／服务，他们会遭受什么损失。

笛卡尔式问题倾向于让你的大脑内部发生一场争吵，这就是关键之处！它们迫使你跳出常规的思维框架，让你准备好迎接几乎所有类型的客户。

第二种问题有些简单，我建议你在与每一位新客户面谈之前都要认真地回答这些问题。

会谈前的预测式问题

- 在与客户谈完之后，我希望产生什么感觉？
- 我希望客户对我产生什么感受或印象？
- 我想通过这次谈话达到什么目的？
- 这场销售演讲对我而言有什么重要意义？
- 这场商务会谈应该进行多长时间？
- 我和客户有足够的交流时间吗？
- 如果客户选择了我的产品或服务，他们能获得哪些好处？

- 哪些信息（比如数据、时间表、成本等）是重要的？

- 我掌握了所有我需要的信息吗？是否有所遗漏？

- 有可能发生的最糟糕的事情是什么？

- 我需要其他人配合我来做推销工作吗？

- 我应该提出什么问题来引起客户的兴趣（提前准备好这些问题）？

- 客户最需要解决的问题是什么？我的产品／服务如何帮助客户解决问题？

- 客户可能会问我什么问题（提前列出这些问题）？

- 我的产品／服务／公司／我自己的哪些方面最有可能打动客户？

- 客户为什么会对我的产品／服务感兴趣？

- 什么会让客户对我的产品／服务失去兴趣？

毫无疑问，笛卡尔式问题和预测式问题有一些重叠的部分。通过回答这些问题，你将更加专注于你的客户和目标，为你与客户之间的交流做好充分的准备。你将知道如何提出相关的预设问题，也知道如何应对客户提出的任何问题和反对意见。

缺失的问题

在上面列出的问题中有一个问题没有被包括进去，因为它只适用于对自己将要推销的产品 / 服务缺乏信心或好感的人。你完全有可能学会用本书提到的技巧去说服其他人，但是如果你对自己的产品 / 服务持消极态度，那么你几乎不可能成功地推销出去。你应该明白，你的消极态度会通过你无意识的肢体动作传递给客户，这是你无法控制的。你极力说服客户，向客户证明你的产品 / 服务能带给他们好处，但是你的肢体语言却传递出相反的意思，在这种情况下，你的客户不可能会买你的账。你需要对自己坦诚相待，问自己下面这个问题。

● 我是否真的相信我的产品 / 服务能给客户创造价值？

独自思考这个问题，然后与优秀的同事讨论他们在销售过程中是否也有过这样的疑惑，他们又是如何看待他们的产品 / 服务的。你将发现这是一个标准问题，对吧？你可能不希望与同事分享你的疑惑，但提出这个问题是一个好开头。

金玉良言

为了加强你的自信，请你在每一次与客户沟通前都认真回答本章中列出的问题。这样做意味着你以客户为中心，能站在客户的角度思考问题。你将变得更加自信，更加胸有成竹，更加专注于眼前的任务，从而更好地赢得客户。

■ 本章小结 ■

- 你应该经常预测可能出现的结果，通过向自己提出问题来提前做好准备。

- 向自己提出问题与向客户提出问题一样重要。

- 列出客户可能提出的反对意见，然后重新构建它们。

- 我们越能预料到客户可能会说些什么，就越能在与客户交流时做好准备。

- 列出客户可能选择或拒绝你的产品 / 服务的所有理由。

第 22 章
建立自信：用自信的态度说服他人

建立自信就像建立一个王国，没有人注意稳固的根基，但人们都在乎富丽堂皇的外表。

——佚名

如果你想说服其他人，你就必须自信，这是你必须面对的现实。在本章中，我将阐明如何在你生活的各个方面提高你的自信水平。

你是否做过一些生动的梦？我们大多数人都可能有过这种经历：在睡觉时突然发现自己坠入一片浩瀚无垠的星空中、掉下悬崖或者被石头绊倒，醒来时发现自己冒出了一身虚汗，心有余悸，好像梦境中的事情真实地发生了一样。这是因为我们的潜意识无法区分真实与梦境。

你可以利用潜意识的这种特征，假想自己正充满自信地与客户交流。为了提高自信、加强某种行为习惯或者创造某种行为模式，一种有效的方法就是构建生动的图像，想象自己非常自信或者正在做出某种行为。你构建的图像在你的大脑中越根深蒂固，你越有可能按照你这种图像去做事。当这种图像及相应的情绪被深深地植入潜意识时，它就会变成现实。

一旦你精通于这种技巧，你就会发现你可以将它用于生活的各个方面，做出你想要做出的改变。从本质上来看，我们想象我们会看到什么、感受到什么、做出什么事情，我们就会产生相应的情绪，按照想象中的图像去改变现状。通过想象我们可以进行预演，体验我们想要做的事情。原因如下。

- 通过从不同的视角形成关于我们自己的强大图像，我们可以获得新的行为模式。当你看见想象中的自己更加自信、更受欢迎，并将这种图像植入潜意识时，你的想象就会变成现实。

- 我们对自己行为的想象越全面、越贴近现实，我们就越有可能做出想象中的行为。

- 你过去所有经验的积累促使你成为今天的你。现在你可以设想你明天会成为什么样子。

- 你已经拥有能帮助你达到目标的心理资源，即你的想象，你的成功取决于你运用心理资源的能力。

描述你的目标

如果你是第一次尝试这么做，那么我希望你多一点自信，保持开放的心态。这种技巧非常有效，只要你有耐心和坚持有规律地进行练习，最终就能获得你想要的结果。在一开始，你需要清楚地描述你的目标，这非常关键。下面我将聚焦于建立自信。

基本步骤

1. 问你自己：如果我真的高度自信，我看起来应该是什么样子的？
2. 假装你真的高度自信，按照自信的方式做事。
3. 以夸张的方式描述你的优点，感受你在这么做时的情绪和生理体验。

4. 将你想象中的关于自信的图像和相应的情绪植入潜意识，你将真的变得非常自信。

为了更好地将想象中的图像变成现实，我建议你遵循下面的原则移动你的眼球。

- 当你向自己提出问题或设立目标时，将你的眼球向你的左下方移动。
- 当你想象自己做某事时，将你的眼球向你的左上方或右上方移动。

大多数人都不会意识到当他们与自己进行内部对话或想象某事时他们的眼球运动方向。如果你能有意识地按照下面的要求去做，本章提到的技巧的有效性就会得到加强。

1. 闭上眼睛，想象你在当地的一家电影院里，你的前面是想象中的屏幕。你的眼球向你的左下方移动，同时你问自己：如果我更加自信，我看起来应该是什么样子？
2. 你的眼球向你的左上方或右上方移动，你看见想象中的自己坐在电影院里，看着屏幕上的另一个高度自信的自己。

金玉良言

你需要想象你非常自信时的图像。如果你在这方面做得还不够好，那就想象下面描述的景象。如果你已经能自然地想象这些景象，那就跳到步骤 3。

- 将你的眼球向左下方移动，问自己你是否能想象自己更加自信的样子。将你的眼球向右上方移动，想象你正在电影院看着屏幕上的表现得很自信的自己。你可能看到自己独自站在聚会餐桌前，感到非常轻松。

- 将你的眼球向右上方移动，想象自己看到其他人被你流露出的自信吸引了过来。

- 将你的眼球向左下方移动，问你自己你上次感到自信是在什么时候。将你的眼球向右上方移动，想象你正在电影院看着屏幕上的表现得很自信的自己，不过这一次你要想象出更加夸张的情境。想象其他人对你的自信作出的不同反应，加强你的情绪体验和提高你的自信水平。

- 你的肢体语言会无意识地揭示你的自信水平。在你想象的电影院中，你看到自己表现出强有力的肢体动作，用坚定的目光看着其他人。

- 你是否知道谁拥有你渴望的自信？将你的眼球向左下方移动，问你自己："谁是我认识的最自信的人？"然后，将你的眼球向右上方移动，想象一下他们是如何表现得很自信的，然后再想一想你是如何表现的，你与他们的差距在哪里。调节你的情绪和行为，让你与最自信的人保持一致。

3. 将你的眼球向左上方或右上方移动，想象你正在电影院看着屏幕上的自己，屏幕上的你非常自信、非常高大。将你的眼球和头部向右下方移动，想一想超级自信是什么感觉，然后抓住和加强这种感觉，同时你看到电影院中的自己站立起来，坚定地走向屏幕上的自己。

4. 将你的眼球和头部向右下方移动，继续加强这种感觉。现在，想象电影院中的自己慢慢站立起来，站在屏幕前，看着屏幕上的那个巨大的、自信的自己。你的积极情绪会得到加强，你变成了屏幕上的那个人，感觉超级自信。将你的注意力放在超级自信带给你的力量上，不断在想象中加强这种力量。

随着你的情绪达到巅峰状态，你的自信也达到了最高水平。这时，你可以将大拇指和食指捏压在一起，将这种超级自信的情绪体验与这种肢体动作联系起来。现在，你可以跳进你想象中的电影屏幕，融入你创造出来的那个巨大的、超级自信的自己。

如何使用这种技巧

每次你想要再次获得这些积极的、成功让你变得更加自信的体验时，就捏压你的大拇指和食指，重温那些曾经由你想象出来的、让你感觉超级自信的画面。增强你的自信，在下一次与客户沟通之前使用这种技巧。

✍ 金玉良言

● 首先，一种非常明智的练习方法是请求某人为你大声读出上面的步骤，直到你能自己独立完成上面的练习。

- 花一些时间学习这些建立自信的技巧。你将发现你的付出都是有回报的。坚持练习，循序渐进，直到你能轻易地将上面所有步骤连接起来。

- 理解这些技巧的基本原理，然后美化你想象出来的景象，不断熟悉上面的步骤。

■ 本章小结 ■

- 当你第一次尝试使用这种技巧时，不要忽视你的眼球运动方向。你可能会发现你会无意识地将眼球向某些方向移动。

- 如果一开始你请求身边的人帮助你大声读出上面的步骤，这会让你的练习变得更加简单。

- 不断练习，直到你变得如你想象中的那般自信为止。

- 潜意识无法区分梦境或想象中的画面与真实情境，所以你可以通过想象来提高自信水平。你练习的次数越多，你就越会发现这种技巧非常有效。

- 你可以通过想象来形成或加强任何一种行为模式，我在本章中用这种技巧来加强自信。你想象出来的情绪体验和行为模式会影响你现实中的情绪和行为。

- 不管如何，你一定要明确自己的目标，清楚你想形成或加强哪一种行为模式。

第 23 章
如何练习：熟能生巧

平凡与非凡的差距来源于练习。

——美国钢琴家弗拉基米尔·霍洛维茨

（Vladimir Horowitz）

当你放弃练习本书提及的说服技巧时，你的竞争对手很可能在你看不到的地方坚持练习着！

你坚持到了本书的最后一章，并且在说服技巧方面取得了进步，这值得你为自己庆祝。为了全面地掌握说服技巧和增强你使用它们的熟练程度，你需要做的不只是阅读本书。将你新学到的说服技巧融入你的沟通风格中，每天分配一些时间来练习说服技巧，直到你达到流畅自如的程度。

练习阶段一

建立融洽关系和自信，提前做好准备

首先，我希望你集中精力练习下面三个方面的技巧，至少需要练习一周，或者直到你感觉自己已经练习好并且可以进入下一个阶段了。

- **融洽关系**

没有融洽关系，一切说服技巧都是徒劳的。所以，你应该使用第 5 章描述的技巧，抓住每一个机会与客户建立融洽关系，并且时刻留意客户的反应。

● **笛卡尔式问题和会谈前的预测式问题**

对于每一次商务会谈，你都需要认真地做好准备，提前想好你要说什么以及客户会说什么，越详细越好。请你回顾第 21 章，你就会知道如何提前做好准备。然后，在实际面谈过程中，不要急着使用任何语言模式，而是要注意提前做好准备会给你带来怎样的感受。

● **自信**

请你回顾第 22 章关于建立自信的内容，一步一步地遵循其中的指导，直到你能彻底保持高度自信，并且能将这种关于自我的积极情绪与你创造的场景联系起来。

✍ **金玉良言**

在尝试真实运用任何语言模式前，你需要专注地阅读第 5 章、第 21 章和第 22 章，直到你真正地掌握了这些方面：发展融洽关系、会谈前预测和建立自信。如果你用一周的时间来练习这些方面的技巧，那么你的时间花得很有价值，因为我真的希望这能为你以后熟练运用所有语言模式打下坚实的基础。

在你练习如何发展融洽关系期间，你可以聚精会神地倾听家人、朋友和同事的话，悄悄地向他们使用你学到的语言模式。你还可以仔细思考广告商是如何说服客户的，以及通过电视、广播收听脱口秀节目。请你记住，大多数人都没有意识到他们在日常交流中会使用语言模式。

练习阶段二

挑选你喜欢的语言模式

　　一旦你花时间掌握了第 5 章、第 21 章和第 22 章的内容，并且体验到了其中讨论的技巧能带给你的益处，那么你就可以进入下一个练习阶段了，开始将你喜欢的语言模式引入你与家人、朋友和同事的沟通过程中。

排练语言模式

　　挑选出一些你喜欢的语言模式，尝试在你想象中的客户面前运用它们。创造假想的场景，构思客户可能提出的反对意见，准备好对客户的反对意见作出回应。练习大声使用这些语言模式。

在会谈中进行实践

　　到这里为止，你几乎已经读完这本书。你必须花时间进行练习，增强你发展融洽关系的能力和个人专注力。而且，你可以挑选出你喜欢的语言模式，向你的家人、朋友和同事使用它们。现在，是时候对你的客户运用这种语言模式了。

　　第一次在商业环境中使用语言模式时，不要过度使用，也不要把商务会谈看得太重要；而是要保持放松，自然流畅地使用你学到的语言模式。

例如，在会谈中你可以只运用这种语言模式："你像我一样……"这是你第一次向客户使用植入式要求。或者你可以问"什么"类型的预设问题，这是你第一次向客户提出功能强大式问题。虽然你以前可能会无意识地使用这些语言模式，但是现在的关键在于你能积极地、有针对性地使用特定的语言模式来达到目的。

重复练习

一旦你向客户使用了某种语言模式，立即观察他们的反应。他们的反应也许不尽如人意，但是你要保持自信，重复练习说服技巧。在面对客户时循序渐进地增添你的语言模式，不要着急，这非常重要。只要你坚持练习，不久你就会发现你能轻易地影响客户的潜意识。

你需要练习一段时间才能见到效果，所以请你耐心一点。如果你在第一次使用某种语言模式时没有获得预想的结果，那就再试一次，不要担心和放弃，因为你终将有所收获。

■ **本章小结** ■

- 仅仅阅读这本书是不能加强你的说服力的。你需要建立自信，进行定期练习，不断熟悉本书提到的语言模式和提问技巧。

- 为了确保本书提到的说服技巧真的能帮助你，你首先需要学会与客户建立融洽关系。如果你觉得这很难，那就想象你已经建立起融洽关系时的情境，遵循第 22 章提到的步骤。

- 你需要彻底理解你的客户想从你这里获得什么，还需要明确你需要做什么才能满足客户需求。

- 你不仅要注意自己使用的语言模式和提问技巧，还要注意客户的反应以及他们的语言风格。

- 挑选出几种让你感觉舒适自在的语言模式，在你的家人和朋友面前练习使用它们。

- 耐心一点，即使你周围没有人，即使你不需要说服任何人，你也需要不断练习你在本书中学到的技巧，直到你能在日常交流中很流畅自然地使用它们。

版权声明

Authorized translation from the English language edition, entitled BRILLIANT PERSUASION: Everyday Techniques to Boost your Powers of Persuasion, 1/e, 9781292135731 by Stephen C. Young published by Pearson Education Limited, Copyright © Proacitve Persuasion 2017 (print and electronic)

"This translation of BRILLIANT PERSUASION: Everyday Techniques to Boost your Powers of Persuasion is published by Pearson Education Asia Limited and Posts and Telecommunications Press by arrangement with Pearson Education Limited."

All rights reserved. No part of this book may be reproduced or transmitted in any form or by any means, electronic or mechanical, including photocopying, recording or by any information storage retrieval system, without permission from Pearson Education Inc.

本书中文简体字版由 PEARSON EDUCATION INC. 授权人民邮电出版社在全球独家出版发行。未经出版者许可，不得以任何方式复制或者节录本书的任何部分。 版权所有，侵权必究。

本书封面贴有人民邮电出版社和 Pearson Education （培生教育出版集团）激光防伪标签。无标签者不得销售。

著作权合同登记号 图字：01-2017-5411 号

好书推荐

泰普勒人生法则系列

世间，
有人似乎天生就掌握着幸福的人生秘诀，
有人半路弯道超车突然成为了快乐的人生赢家，
有人则认为生活处处充满荆棘与泥潭，或沉沦或挣扎。
那么，
是什么造就了这两类人的不同？
是什么让一些人对生活游刃有余？
是什么让一些人成为职场上的少数人？
是什么让一些人享受到财务自由？
是什么让一些人成为孩子心中理想的父母？
在全球有240多万粉丝的"个人成长"大师理查德·泰普勒分享了他30多年的人生经验，
将自己所观察到的一切总结成一条条简单的法则，
分享给了每一位想从容应对生活的人。

泰普勒人生法则系列

极简生活法则
The Rules of Life
影响72,000,000人的畅销美生活排本

泰普勒人生法则系列

极简工作法则
The Rules of Work
如何成为领先的少数人

泰普勒人生法则系列

THE RULES OF WEALTH

财富的理想国
关于财富的117条法则

泰普勒人生法则系列

THE RULES OF BREAK

破茧法则
打破一切思维定式

THE RULES OF MANAGEMENT

极简管理法
影响72,000,000人的极美管理理念

泰普勒人生法则系列

THE RULES OF PARENTING

极简父母法则
教出快乐、自信、独立的孩子

敬请
期待